진짜 진짜 영어 일기

하루 한 장 쓰기 편

진짜진짜 영어일기 하루 한 장 쓰기 편

초판발행 2021년 8월 2일
초판 2쇄 2023년 9월 15일

지은이 유현정
그린이 류은형
편집 김아영
기획 한동오
펴낸이 엄태상
영문감수 Kirsten March
디자인 공소라
조판 이서영
콘텐츠 제작 김선웅, 장형진, 조현준
마케팅본부 이승욱, 왕성석, 노원준, 조성민, 이선민
경영기획 조성근, 최성훈, 구희정, 김다미, 최수진, 오희연
물류 정종진, 윤덕현, 양희은, 신승진
펴낸곳 시소스터디
주소 서울시 종로구 자하문로 300 시사빌딩
주문 및 문의 1588-1582
팩스 0502-989-9592
홈페이지 www.sisostudy.com
네이버카페 cafe.naver.com/sisasiso
네이버블로그 blog.naver.com/sisosisa
인스타그램 instagram.com/siso_study
이메일 sisostudy@sisadream.com
등록번호 제2019-000149호
ISBN 979-11-91244-34-2 64740

캐나다 초등학생 새미의 **영어일기** 엿보기

진짜진짜
영어일기

유현정 지음

하루 한 장 쓰기 편

siso
study

지은이 **유현정**

이화여자대학교에서 영어영문학 석사 학위를 받고, 미국 콜롬비아 대학교에서 TESOL 과정을 수료하였습니다.
YBM 어학원, 파고다 어학원에서 영문법과 영작을 가르치는 일을 하였고, 캐나다 위니펙으로 이주하여 위니펙 대학교
English Language Program과 입학처에서 일을 하였습니다. 현재는 매니토바 대학교 입학처에서 Admissions Officer로
일하며 영어 관련 책을 쓰고 있습니다.

대표 저서로 《거의 모든 숫자 표현의 영어》, 《초등 영어 표현력 사전》, 《한 권으로 끝내는 초등 영단어 따라쓰기》,
《힘내라, 영어 말하기 첫걸음》 등이 있습니다.

머리말

글쓰기의 첫걸음, 일기 쓰기!
영어일기가 즐거워지는 하루 한 장 쓰기로 시작하세요!

안녕하세요, 어린이 여러분.

여러분은 일기를 매일 쓰나요? 저도 초등학교 다닐 때 일기를 매일 썼던 기억이 나요. 미국이나 캐나다의 초등학교에서도 널서리(Nursery, 만 4세 반) 혹은 유치원(Kindergarten, 만 5세 반) 학년 부터 학교에서 매주 일기를 써요. 이것을 journal이라고 부르는데 매주 하나씩 써서 학기 말에 집으로 보내주죠. 물론 널서리나 유치원 학년은 주로 그림을 그리고 한 줄 쓰기로 시작하지만 그 어린 나이부터 글쓰기 연습은 시작된답니다.

일기 쓰기는 글쓰기의 첫걸음이에요. 한 줄 한 줄 쓰면서 기억과 생각을 정리하고 의견을 표현 해요. 혹은 어떤 상황을 묘사하거나 상상력을 펼쳐 이야기를 만들어 내기도 해요. 이런 것들이 모여 긴 글을 쓸 수 있게 되는 거랍니다.

이렇게 좋은 점이 많은 일기 쓰기를 이제 영어로도 해 보세요. 이 책이 여러분을 도와줄 거예요. 실제 미국이나 캐나다 초등학생의 일상생활에서 자주 쓰이고, 학교에서 배우는 영어 표현을 중심으로 일기를 구성하였어요. 매일 하루 한 장씩 패턴 연습을 통해 영어를 공부하고, 또 그걸 바탕으로 나만의 글을 써 보세요. 처음에는 두세 줄이어도 괜찮아요. 조금씩 살을 붙이고 늘려 가다 보면 어느새 영어 글쓰기가 즐거워질 거예요.

처음 이 책을 제안받았을 때 초등학교 널서리반 그리고 1학년인 제 두 딸이 생각났어요. 실제로 딸아이들이 학교에서 쓰고 배우는 내용을 책 속에 담았답니다. 우리 두 딸이 볼 거라고 생각하고 애정을 듬뿍 담아 쓴 이 책이 어린이 여러분에게 영어 공부의 기쁨을 알게 해주는 책이 되기를 바라봅니다.

캐나다 위니펙에서

유현정

구성과 특징

캐나다에 사는 친구의 일상을 엿보고 싶다면!

《진짜 진짜 영어일기: 하루 한 장 쓰기 편》은 실제로 캐나다에 사는 초등학생 새미의 재미있는 일상생활을
담은 영어일기입니다. 새미의 일상을 중심으로 일기를 엿보며 매일 하루 한 장 쓰기로 영어 글쓰기의 기초를
만들고 자신감을 키워 보세요.

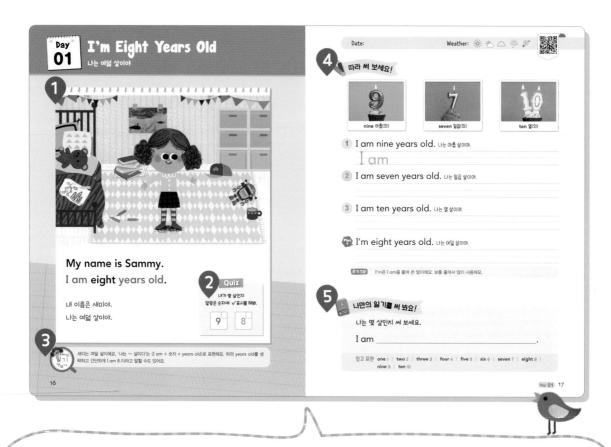

❶ 일기 본문
먼저 사진이나 그림을 보고 어떤 내용일지 생각해 보세요.
눈으로 오늘의 일기를 읽어 보고, 우리말 해석을 통해
내용을 확인해 보세요. 오른쪽 페이지 상단의 QR코드를
찍어서 원어민의 음성을 듣고, 큰 소리로 따라 읽어 보세요.

❷ Quiz
일기의 주인공 새미가 내는 깜짝 퀴즈를 풀어 보며 더욱
재미있게 내용에 집중해 보세요.

❸ 새미의 일기 엿보기
일기에 소개된 패턴 표현의 자세한 설명을 읽고, 일기
속에서 해당 패턴을 찾아 보세요.

❹ 따라 써 보세요!
패턴을 응용한 예문 4개를 따라 쓰며 문장을 완성해 보세요.
특히 Plus+ 예문과 쓰기 TIP을 통해 패턴 표현의 쓰임을
정확히 이해하고 응용력을 키울 수 있습니다. 문장을 완성한
후에는 QR코드를 찍어 영어 글쓰기를 제대로 하였는지
확인해 보세요.

❺ 나만의 일기를 써 봐요!
패턴 표현을 이용하여 나만의 일기를 써 보세요. 참고
표현에 있는 단어를 활용해 일기를 완성한 뒤 자신이 쓴
일기를 큰 소리로 읽어 보세요.

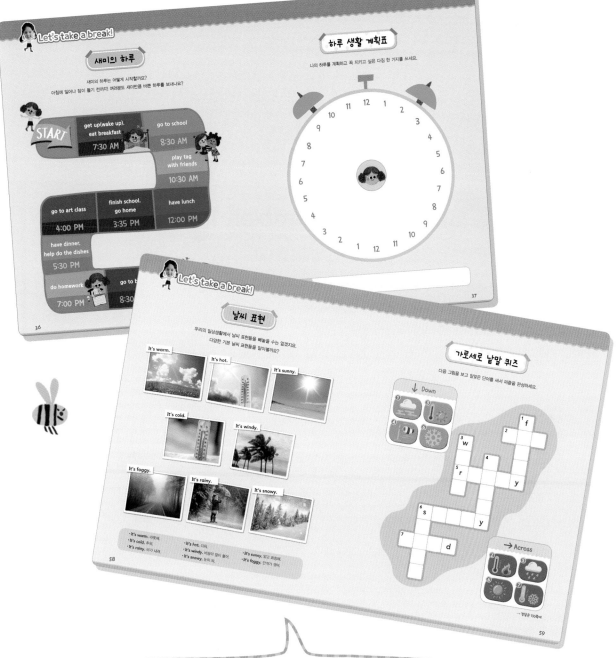

Let's take a break!

흥미로운 주제를 다루는 재미있는 활동 코너입니다. 다양한 영어 표현과 문화 정보 지식을 얻을 수 있고, 가로세로 낱말 퀴즈, 짝 맞추기 게임 등의 활동으로 즐겁게 학습할 수 있어요.

일기 쓰기 전에 알아야 할 것

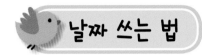 날짜 쓰는 법

 우리말 2021년 12월 19일 일요일

 영어 Sunday, December 19, 2021

요일   날짜(월+일)   연도

영어로 날짜를 쓸 때는 **요일 → 날짜(월+일) → 연도** 순서로 씁니다. 우리말과 다르게 작은 단위부터 큰 단위 순으로 쓰기 때문에 순서에 주의하세요.
요일과 월은 항상 **대문자**로 시작하고, 요일, 월+일, 연도 사이에는 **쉼표(,)**를 써요.

요일 Day

일요일	Sunday (Sun.)	목요일	Thursday (Thurs.)
월요일	Monday (Mon.)	금요일	Friday (Fri.)
화요일	Tuesday (Tues.)	토요일	Saturday (Sat.)
수요일	Wednesday (Wed.)		

월 Month

1월	January (Jan.)	5월	May	9월	September (Sep.)
2월	February (Feb.)	6월	June	10월	October (Oct.)
3월	March (Mar.)	7월	July	11월	November (Nov.)
4월	April (Apr.)	8월	August (Aug.)	12월	December (Dec.)

일 Date

일		일		일		일	
1일	first	9일	ninth	17일	seventeenth	25일	twenty-fifth
2일	second	10일	tenth	18일	eighteenth	26일	twenty-sixth
3일	third	11일	eleventh	19일	nineteenth	27일	twenty-seventh
4일	fourth	12일	twelfth	20일	twentieth	28일	twenty-eighth
5일	fifth	13일	thirteenth	21일	twenty-first	29일	twenty-ninth
6일	sixth	14일	fourteenth	22일	twenty-second	30일	thirtieth
7일	seventh	15일	fifteenth	23일	twenty-third	31일	thirty-first
8일	eighth	16일	sixteenth	24일	twenty-fourth		

날짜(일)를 적을 때는 1st, 2nd, 3rd처럼 숫자로 많이 쓰지만,
읽을 때는 꼭 서수로 읽어야 해요.

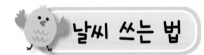 **날씨 쓰는 법**

Sunday, December 19, Snowy
날씨

날씨는 요일과 날짜를 쓰고 가장 마지막에 써요.

맑은, 화창한	clear, sunny	안개 낀	foggy
따뜻한	warm	시원한, 선선한	cool
더운	hot	추운	cold
바람 부는	windy	비 오는	rainy
흐린	cloudy	눈 오는	snowy

목차

목차

영어일기 학습 계획표

공부한 날의 날짜를 영어로 기록해 보세요.

Day	공부한 날	Check	Day	공부한 날	Check
Day 01		☐	Day 26		☐
Day 02		☐	Day 27		☐
Day 03		☐	Day 28		☐
Day 04		☐	Day 29		☐
Day 05		☐	Day 30		☐
Day 06		☐	Day 31		☐
Day 07		☐	Day 32		☐
Day 08		☐	Day 33		☐
Day 09		☐	Day 34		☐
Day 10		☐	Day 35		☐
Day 11		☐	Day 36		☐
Day 12		☐	Day 37		☐
Day 13		☐	Day 38		☐
Day 14		☐	Day 39		☐
Day 15		☐	Day 40		☐
Day 16		☐	Day 41		☐
Day 17		☐	Day 42		☐
Day 18		☐	Day 43		☐
Day 19		☐	Day 44		☐
Day 20		☐	Day 45		☐
Day 21		☐	Day 46		☐
Day 22		☐	Day 47		☐
Day 23		☐	Day 48		☐
Day 24		☐	Day 49		☐
Day 25		☐	Day 50		☐

일기의 주인공 **새미**를 소개합니다!

안녕~ 만나서 반가워!
내 이름은 새미야.
나는 8살이고 캐나다에 살고 있어.
우리 가족은 엄마, 아빠, 나, 그리고
여동생이 있어.
아 참! 귀여운 강아지 초코도 우리 가족이야.
난 그림 그리는 걸 아주 좋아해.

| Name 이름 | Sammy | Birthday 생일 | May 9 |

| Age 나이 | 8 years old | Height 키 | 120cm |

Hair 머리 ☐ blonde ☑ brown ☐ black

Eyes 눈 ☑ brown ☐ black ☐ blue

Favorite Toy 좋아하는 장난감   Rainbow Fluffy

Best Friend 단짝 친구   My sister, Amy, Nora

자, 이제 너에 대한 소개를 해봐!

All About Me

사진을 붙이거나 그림을 그려 나의 얼굴을 보여주고,
내가 좋아하는 것 등 나에 대한 소개를 적어 보세요.

Name 이름

Birthday 생일

Age 나이

Gender 성별

Height 키

Hair 머리 ☐ blonde ☐ brown ☐ black

Eyes 눈 ☐ brown ☐ black ☐ blue

My Favorite 내가 가장 좋아하는

Food 음식

Animal 동물

Subject 과목

Color 색깔

Sport 스포츠

Book 책

I'm Eight Years Old
나는 여덟 살이야

My name is Sammy.
I am **eight** years old.

내 이름은 새미야.

나는 여덟 살이야.

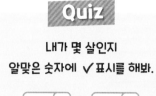

Quiz

내가 몇 살인지
알맞은 숫자에 ✓ 표시를 해봐.

 9 8

새미는 여덟 살이에요. '나는 ~ 살이다'는 〈I am + 숫자 + years old〉로 표현해요. 뒤의 years old를 생략하고 간단하게 I am 8.이라고 말할 수도 있어요.

따라 써 보세요!

nine 아홉(의)

seven 일곱(의)

ten 열(의)

① I am nine years old. 나는 아홉 살이야.

I am

② I am seven years old. 나는 일곱 살이야.

③ I am ten years old. 나는 열 살이야.

Plus+ I'm eight years old. 나는 여덟 살이야.

쓰기 TIP   I'm은 I am을 줄여 쓴 말이에요. 보통 줄여서 많이 사용해요.

 나만의 일기를 써 봐요!

나는 몇 살인지 써 보세요.

I am _____ .

참고 표현   one 1 | two 2 | three 3 | tour 4 | five 5 | six 6 | seven 7 | oight 8 |
nine 9 | ten 10

It's Monday

오늘은 월요일이야

It is Monday.
I go to school today.

오늘은 월요일이야.

나는 오늘 학교에 가.

Quiz

오늘은 두 번째 월요일이야.
그림 속 달력을 보고
오늘의 날짜를 써 봐.

_____ 월 _____ 일

새미의
일기
엿보기

오늘은 월요일, 학교 가는 날이지요. 요일을 나타낼 때는 〈It is + 요일〉로 말해요. 여기에서 It은 아무 뜻이 없어서 따로 해석하지 않아요. It is는 It's로 줄여 쓸 수 있어요.

Tuesday

Wednesday

Thursday

1 It is Tuesday. 화요일이야.

It is

2 It is Wednesday. 수요일이야.

3 It is Thursday. 목요일이야.

 It is January. 1월이야.

 It is / It's 뒤에 월, 날짜, 시간, 날씨, 계절 등을 붙여서 다양하게 표현할 수 있어요. 더 많은 월별 표현은 8쪽에 있습니다.

 나만의 일기를 써 봐요!

오늘은 무슨 요일인가요?

It is _____ .

참고 표현   **Sunday** 일요일 | **Monday** 월요일 | **Tuesday** 화요일 | **Wednesday** 수요일 | **Thursday** 목요일 | **Friday** 금요일 | **Saturday** 토요일

This is my dog, Choco.
He likes hugs.

얘는 나의 강아지 초코야.

초코는 포옹을 좋아해.

Quiz

내 강아지 초코는 무슨 색일까?

① white   ② brown   ③ black

나의 가족이나 애완동물을 소개하려면 〈This is my + 명사〉라는 표현을 사용할 수 있어요. 우리 가족을 소개할 때는 my 뒤에 dad, mom 등 나와의 관계를 나타내는 말을 넣어서 말해요. 이 표현으로 친구와 선생님 등도 소개할 수 있어요.

따라 써 보세요!

cat

goldfish

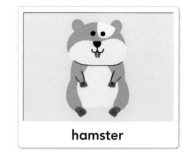

hamster

① **This is my cat.** 얘는 내 고양이야.

This is

② **This is my goldfish.** 얘는 내 금붕어야.

③ **This is my hamster.** 얘는 내 햄스터야.

Plus+ **This is my brother.** 얘는 내 남동생(오빠, 형)이야.

쓰기 TIP 우리 가족을 소개해 볼까요? 할머니는 grandma, 할아버지는 grandpa, 삼촌은 uncle, 고모/이모는 aunt, 사촌은 cousin, 남동생(오빠, 형)은 brother, 여동생(언니, 누나)은 sister예요.

 나만의 일기를 써 봐요!

나의 애완동물 혹은 우리 가족을 소개해 보세요.

This is my _____ .

참고 표현 **parrot** 앵무새 | **turtle** 거북 | **rabbit** 토끼 | **iguana** 이구아나

My favorite snack is an apple.
I love fruit.

내가 가장 좋아하는 간식은 사과야.

나는 과일을 매우 좋아해.

Quiz

네가 가장 좋아하는 과일을
사진에서 찾아 동그라미 해봐.

새미의
일기
엿보기

love는 '사랑하다, 대단히 좋아하다'라는 뜻의 동사예요. 그래서 로맨틱한 의미뿐만 아니라 정말로 좋아하는 것을 말하고 싶을 때도 사용해요. 그 대상은 사람, 사물일 수도 있고 동물이나 학교 과목일 수도 있어요. love로 매우 좋아하는 것을 표현해 봐요.

따라 써 보세요!

soup

ice cream

cookies

① **I love soup.** 나는 수프를 매우 좋아해.

I love

② **I love ice cream.** 나는 아이스크림을 매우 좋아해.

③ **I love cookies.** 나는 쿠키를 매우 좋아해.

Plus+ **I love music.** 나는 음악을 매우 좋아해.

쓰기 TIP   I love 뒤에 사람, 동물, 음식, 과목 등을 넣어 내가 좋아하는 다양한 것들을 표현할 수 있어요.

나만의 일기를 써 봐요!

가장 좋아하는 음식을 써 보세요.

I love _____ .

참고 표현   **grapes** 포도 | **banana** 바나나 | **pizza** 피자 | **fried chicken** 프라이드치킨 |
         sandwich 샌드위치 | **hot dog** 핫도그

I am afraid of bees.
I don't like insects.

나는 벌이 무서워.

나는 곤충을 싫어해.

Quiz

으아악! 나는 이것이 무서워!
그림에서 이것을 찾아
동그라미 하고 단어를 써 봐.

_____

 '나는 ~을 좋아하지 않는다'처럼 싫어하는 것을 나타낼 때는 〈I don't like + 명사〉로 표현해요. 그리고 무섭고 두려워하는 것을 말할 때는 I am afraid of를 쓰고, 뒤에 사람이나 사물, 또는 동물을 붙여서 말할 수 있어요.

따라 써 보세요!

the dark

cockroaches

vegetables

① I don't like the dark. 나는 어둠을 싫어해.

I don't like

② I don't like cockroaches. 나는 바퀴벌레를 싫어해.

③ I don't like vegetables. 나는 채소를 싫어해.

Plus ＋ She doesn't like homework. 그녀는 숙제를 싫어해.

쓰기 TIP 　주어는 문장 맨 앞에 나오는 주인공이에요. 주어가 He, She, It일 때는 don't 대신에 doesn't를 써요.

 나만의 일기를 써 봐요!

내가 싫어하는 것이 무엇인지 써 보세요.

I don't like ＿＿＿＿＿＿＿＿＿＿＿＿＿＿＿＿＿.

참고 표현 **spicy food** 매운 음식 | **math** 수학 | **fish** 생선 | **carrot** 당근 | **the rain** 비

My sister and I are best friends.
We always **play** together.

내 여동생과 나는 가장 친한 친구야.

우리는 항상 같이 놀아.

Quiz

여동생과 내가 무엇을 항상 같이
하는지 빈칸을 채워서 알아봐.

p ☐☐ y

친구들, 제일 친한 친구와 항상 같이 하는 것이 있나요? '우리는 항상 같이 ~해'는 〈We always + 동사 + together〉 순으로 써서 표현해요. we는 '우리'라는 의미로, I(나)를 포함한 여러 사람들을 가리켜 말해요. 영어에서는 다른 사람과 나를 이야기할 때 다른 사람을 먼저 쓰고 and(그리고)로 연결한 뒤 나를 써요.

따라 써 보세요!

study

go to school

eat

① We always study together. 우리는 항상 같이 공부해.

We always

② We always go to school together. 우리는 항상 같이 학교에 가.

③ We always eat together. 우리는 항상 같이 밥을 먹어.

Plus+ We always sing together. 우리는 항상 같이 노래를 불러.

쓰기 TIP play, study, go, eat, sing, love, like 등과 같이 움직임이나 감정 등을 나타내는 말을 일반동사라고 불러요.

 나만의 일기를 써 봐요!

형제자매나 제일 친한 친구와 무엇을 항상 같이 하는지 써 보세요.

We always _____ together.

참고 표현 read books 책을 읽다 | sleep 잠늘 자다 | swim 수영하다 | dance 춤추다

My mom sometimes yells at me.
It makes me sad.

우리 엄마는 가끔 나에게 소리를 지르셔.

그러면 나는 슬퍼져.

Quiz

그림을 보고 엄마가 왜 소리를
지르시는지 우리말로 써 봐.

_____

새미의
일기
엿보기

형제자매와 싸우거나 새미처럼 방을 어지럽혀서 부모님께 혼나는 일이 가끔 있어요. 그럴 때 내 기분이나 감정을 표현하려면 〈It makes me + 감정을 나타내는 말〉로 말할 수 있어요. 우리말로 '그것은 내 기분을 ~하게 만든다'라고 해석해요.

따라 써 보세요!

angry

happy

excited

① **It makes me angry.** 나를 화나게 해.

It makes

② **It makes me happy.** 나를 기쁘게 해.

③ **It makes me excited.** 나를 신나게 해.

Plus+ **It makes me nervous.** 나를 긴장시켜. (나를 불안하게 해.)

쓰기 TIP   간단하게 '나를 ～하게 해.'라고도 표현할 수 있답니다.

 나만의 일기를 써 봐요!

친구들과 재미있게 노는 모습을 떠올려 보세요. 어떤 감정이 드나요?

It makes me _____.

참고 표현   **happy** 기쁜 | **excited** 신이 난, 들뜬 | **nervous** 불안한, 긴장된

My dad is a carpenter.
He makes desks and chairs.

우리 아빠는 목수야.

아빠는 책상이랑 의자를 만드셔.

Quiz

우리 아빠는 어떤 것을 만드실까?

① bed ② desk ③ door

새미의 일기 엿보기

직업을 이야기할 때 be동사 뒤에 직업을 나타내는 말을 붙여서 표현해요. be동사란 주어에 따라 모양이 변하는 동사인데, am, are, is가 바로 be동사이죠. my는 '나의'라는 뜻으로, 나와 관련된 사람이나 내가 가진 물건을 말할 때 사용해요.

따라 써 보세요!

a farmer

a teacher

a nurse

① **My dad is a farmer.** 우리 아빠는 농부야.

My dad

② **My dad is a teacher.** 우리 아빠는 선생님이야.

③ **My dad is a nurse.** 우리 아빠는 간호사야.

Plus + **My mom is an engineer.** 우리 엄마는 엔지니어야.

 첫소리가 모음(a, e, i, o, u)으로 시작하는 단어 앞에는 a가 아닌 an을 써야 해요. engineer는 모음 e로 시작하니까 an을 씁니다.

 나만의 일기를 써 봐요!

우리 엄마나 아빠의 직업을 써 보세요.

My _____ is _____.

참고 표현 **an office worker** 회사원 | **a firefighter** 소방관 | **a doctor** 의사 | **a writer** 작가 |
a banker 은행원 | **a police officer** 경찰관

It's the first day of school.
I'm so excited.

오늘은 새 학기 첫날이야.

너무 신이 나.

Quiz

학교 첫날이야! 지금 내 기분을
글과 그림으로 표현해봐.

새미의
일기
엿보기

좋아하는 것을 했을 때 또는 깜짝 놀랐을 때 나의 감정이나 기분을 표현하고 싶을 때가 있지요. 그럴 때에는 〈I'm / I am + 감정 형용사〉로 말하면 돼요. so는 '정말로, 대단히'라는 뜻으로 나의 감정 상태를 더욱 강조 해 주는 말이에요.

따라 써 보세요!

bored

scared

surprised

① **I'm so bored.** 나 너무 지루해.

I'm so

② **I'm so scared.** 나 너무 무서워.

③ **I'm so surprised.** 나 너무 놀랐어.

Plus+ **I'm so depressed.** 나 너무 우울해.

 쓰기 TIP   동사에 -ed, -d를 붙여서 감정을 나타내는 형용사를 만들 수 있어요. 동사 bore(지루하게 만들다)에 -d를 붙이면 우리가 느끼는 감정인 bored(지루해하는)가 돼요.

 나만의 일기를 써 봐요!

내가 좋아하는 TV 프로그램이 곧 시작할 거예요. 어떤 기분인지 써 보세요.

I'm so _____.

참고 표현   **disappointed** 실망한 | **confused** 혼란스러운 | **scared** 무서운 | **excited** 신이 난 | **happy** 행복한

Mom takes us to **school**.

Dad **picks** us **up** after school.

엄마는 우리를 학교에 데려가 주셔.

학교가 끝나면 아빠가 데리러 오시지.

Quiz

학교가 끝나면 누가 우리를 데리러 오실까?
알맞은 단어를 찾아 동그라미 해봐.

a r d a d e o q

쌔미의
일기
엿보기

부모님은 나를 많은 곳으로 데려가 주시지요. 이때 'A(사람)를 B(장소)에 데리고 가다'라는 의미로 〈take A to B〉 표현을 활용해서 말할 수 있어요. pick up은 원래 '(떨어진 물건을) 집어 올리다'라는 뜻에서 출발해 사람에게 확장되어서 누군가를 데리고 오는 것을 의미하게 되었답니다.

따라 써 보세요!

the library

the zoo

the movie theater

① Mom takes us to the library. 엄마는 우리를 도서관에 데려가 주셔.

Mom takes us

② Mom takes us to the zoo. 엄마는 우리를 동물원에 데려가 주셔.

③ Mom takes us to the movie theater. 엄마는 우리를 영화관에 데려가 주셔.

Plus + Dad takes me to the park. 아빠는 나를 공원에 데려가 주셔.

쓰기 TIP us(우리) 대신에 me(나)를 써도 돼요.

나만의 일기를 써 봐요!

부모님이 나를 어디에 데리고 가시나요?

_____ takes me to _____.

참고 표현 playground 놀이터 | hospital 병원 | museum 박물관 | amusement park 놀이공원

새미의 하루

새미의 하루는 어떻게 시작할까요?
아침에 일어나 잠이 들기 전까지! 여러분도 새미만큼 바쁜 하루를 보내나요?

START

get up(wake up),
eat breakfast
7:30 AM

go to school
8:30 AM

play tag
with friends
10:30 AM

go to art class
4:00 PM

finish school,
go home
3:35 PM

have lunch
12:00 PM

have dinner,
help do the dishes
5:30 PM

do homework
7:00 PM

go to bed
8:30 PM

FINISH

하루 생활 계획표

나의 하루를 계획하고 꼭 지키고 싶은 다짐 한 가지를 쓰세요.

나의 다짐

I have **a cold.**
I went to the doctor.

나는 감기에 걸렸어.

병원에 갔어.

Quiz

콜록콜록! 하루 종일 열이 나고
기침이 계속 나와서 힘들어.
무슨 병인지 빈칸을 채워서 알아봐.

C O ☐ ☐

재미의
일기
엿보기

어디가 아픈지 말하고 싶을 때는 〈I have + 아픈 증상〉으로 표현해요. 아픈 증상으로 병원에 가게 되는 것을 go to the doctor 또는 see a doctor라고 하는데, 우리말로는 '의사에게 간다'로 해석할 수 있어요. hospital(병원)은 아주 아파서 입원이나 수술할 때만 이용하는 곳이니 주의하세요.

따라 써 보세요!

a cough

a runny nose

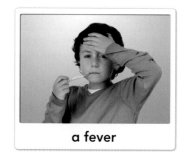
a fever

① **I have a cough.** 나는 기침을 해.

I have

② **I have a runny nose.** 나는 콧물이 흘러.

③ **I have a fever.** 나는 열이 있어.

Plus+ **I have a stomachache.** 나는 배가 아파.

 쓰기 TIP　ache는 '아픔, 통증'이라는 뜻이에요. 신체 부위를 나타내는 단어 뒤에 붙여 그 부위가 아프다는 것을 표현할 수 있지요. head(머리), stomach(배) 뒤에 붙이면 각각 두통, 복통을 뜻해요.

 나만의 일기를 써 봐요!

감기에 걸렸군요. 내 증상이 어떤지 써 보세요.

I have _____ .

참고 표현　**a sore throat** 목의 통증 ｜ **an earache** 이통(귀의 통증) ｜ **a toothache** 치통 ｜
a headache 두통 ｜ **a cough** 기침 ｜ **a runny nose** 콧물 ｜ **a fever** 열

I fell off my bicycle.
I hurt my **elbow.**

나는 자전거를 타다 넘어졌어.

팔꿈치를 다쳤어.

Quiz

자전거를 타다가 넘어졌어.
내가 어디를 다쳤는지
알맞은 곳에 ✓ 표시를 해봐.

 elbow   knee

동사 hurt는 '다치게 하다'라는 뜻이에요. 새미처럼 자전거를 타다가 넘어졌을 때 또는 무언가를 하다가 다쳤을 때 〈I hurt my + 신체 부위〉를 활용해 '나는 ~를 다쳤다'라고 말할 수 있어요.

따라 써 보세요!

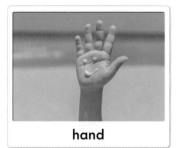

hand

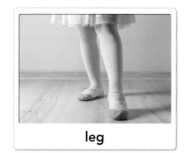

leg

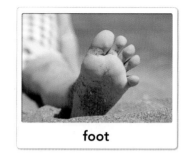

foot

1 **I hurt my hand.** 나는 손을 다쳤어.

I hurt

2 **I hurt my leg.** 나는 다리를 다쳤어.

3 **I hurt my foot.** 나는 발을 다쳤어.

Plus + **I hurt my head.** 나는 머리를 다쳤어.

쓰기 TIP   손가락을 다쳤다면 finger(s), 발가락이라면 toe(s), 무릎이라면 knee를 써서 말해요.

 나만의 일기를 써 봐요!

최근에 다쳤을 때를 떠올려 보고 어디를 다쳤었는지 써 보세요.

I hurt my _____.

참고 표현   **forehead** 이마 | **elbow** 팔꿈치 | **finger** 손가락 | **knee** 무릎 | **toe** 발가락

My friend Amy is outgoing.
She is not shy.

내 친구 에이미는 활달해.

에이미는 내성적이지 않아.

사람의 성격이나 성향을 표현할 때는 be동사 am, are, is 뒤에 형용사를 붙여서 말해요. 이때 주어에 따라 be동사를 다르게 써야 하니 주의해야 해요. 사람의 성격을 표현하고 싶다면 〈주어 + be동사 + 형용사〉를 사용해요.

 따라 써 보세요!

friendly

quiet

talkative

① **Amy is friendly.** 에이미는 상냥해.

Amy is

② **Nora is quiet.** 노라는 조용해.

③ **Ben is talkative.** 벤은 말이 많아.

Plus + **I am smart.** 나는 똑똑해.

    be동사는 주어에 따라 다르게 쓴다고 했죠? 주어가 I(나)인 경우에는 be동사 am을 씁니다.

 나만의 일기를 써 봐요!

제일 친한 친구의 이름을 쓰고 친구의 성격은 어떤지 써 보세요.

_____ is _____ .

참고 표현   **kind** 친절한 ｜ **smart** 똑똑한 ｜ **shy** 수줍음이 많은 ｜ **outgoing** 사교적인, 활달한 ｜
funny 재미있는

It snowed last night.
I made a snowman.

어젯밤에 눈이 왔어.

나는 눈사람을 만들었어.

Quiz

내가 만든 눈사람은 무슨 색
모자를 썼을까?

① green   ② yellow   ③ blue

made는 '만들다'라는 뜻의 동사 make의 과거형이에요. 이미 지나간 일을 과거라고 하는데요, 과거에 했던 일은 동사의 과거형을 써서 표현해야 해요. '나는 ~을 만들었다'라고 말할 때는 〈I made + 명사〉 형태로 나타냅니다.

따라 써 보세요!

a kite

a sandcastle

a mask

① **I made a kite.** 나는 연을 만들었어.

I made

② **I made a sandcastle.** 나는 모래성을 만들었어.

③ **I made a mask.** 나는 가면을 만들었어.

Plus+ **I made a card.** 나는 카드를 만들었어.

쓰기 TIP 보통은 동사 뒤에 -ed나 -d를 붙여 과거형을 만들지만, make처럼 모양이 불규칙하게 변하는 동사도 있으니 과거형을 쓸 때는 항상 주의하세요.

 나만의 일기를 써 봐요!

공작시간이나 미술시간에 만든 것을 써 보세요.

I made _____.

참고 표현 **a paper boat** 종이배 ㅣ **a pinwheel** 바람개비 ㅣ **a handprint** 핸드 프린트

Day 14   45

My favorite toy is Rainbow Fluffy.
She is a stuffed doll.

내가 가장 좋아하는 장난감은 레인보우 플러피야.
봉제 인형이지.

Quiz

나는 알록달록하고 푹신푹신해.
새미는 나를 제일 좋아하지.
나는 무엇일까?
그림에서 나를 찾아 동그라미 해봐.

 새미의 일기 엿보기 여러분은 무엇을 가장 좋아하나요? 내가 가장 좋아하는 것을 말하려면 〈My favorite + 명사(음식, 색깔 등) + is〉 뒤에 내가 좋아하는 것을 붙여요. 영어에서는 안에 솜이 들어간 인형을 a stuffed doll이라고 하고, 줄여서 a stuffy라고도 하지요.

46

따라 써 보세요!

a car

a dinosaur

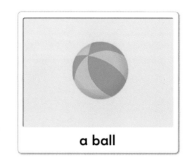

a ball

1 **My favorite toy is a car.** 내가 가장 좋아하는 장난감은 자동차야.

My favorite toy

2 **My favorite toy is a dinosaur.** 내가 가장 좋아하는 장난감은 공룡이야.

3 **My favorite toy is a ball.** 내가 가장 좋아하는 장난감은 공이야.

Plus+ **My favorite color is red.** 내가 가장 좋아하는 색깔은 빨간색이야.

쓰기 TIP   가장 좋아하는 색깔을 표현할 때는 〈My favorite color is + 색깔〉을 써서 말해요.

 나만의 일기를 써 봐요!

가장 좋아하는 색깔을 써 보세요.

My _____ is _____.

참고 표현   **red** 빨간색 | **blue** 파란색 | **yellow** 노란색 | **green** 조록색 | **black** 섬싱색 |
           rainbow 무지개

Playdate with Zoe

조이와의 플레이 데이트

I had a playdate with Zoe.
We played catch.

나는 조이랑 만나서 놀았어.

우리는 공놀이를 했어.

새미의 일기 엿보기

친구와 무엇을 하고 놀았는지 표현할 때는 〈We played + 놀이, 게임〉으로 써요. play는 '놀다'라는 뜻이고, play 뒤에 -ed를 붙이면 '놀았다'를 의미하는 과거형이 돼요. 플레이 데이트는 외국에서 주로 아이들이 같이 만나서 노는 '놀이 약속'으로, 부모님들이 미리 시간과 장소를 정해서 만납니다.

따라 써 보세요!

hide-and-seek

tag

on the monkey bars

① We played hide-and-seek. 우리는 숨바꼭질을 했어.

We played

② We played tag. 우리는 술래잡기를 했어.

③ We played on the monkey bars. 우리는 정글짐에서 놀았어.

Plus+ We played soccer. 우리는 축구를 했어.

 동사 play에는 여러 의미가 있어요. 〈play + 운동 경기〉로 쓰면 '운동 경기를 하다'라는 뜻이에요.

 나만의 일기를 써 봐요!

제일 친한 친구와 무엇을 하고 놀았는지 써 보세요.

We _____.

참고 표현 a memory game 기억력 게임 | baseball 야구 | badminton 배드민턴 |
on the swing 그네에서 | on the slide 미끄럼틀에서

I'm Turning Nine
아홉 살이 되다

It's my birthday.
I am turning nine today.

내 생일이야.

나는 오늘 아홉 살이 돼.

오늘은 새미의 생일이에요. 새미는 이제 아홉 살이 되었어요. '나는 ~ 살이다'는 〈I am + 숫자〉로 표현했
었지요? '나는 ~ 살이 된다'라고 말하려면 I am 뒤에 turning을 붙이고 숫자를 써서 표현해요. turning은
'(어떤 나이가) 되다'라는 뜻이랍니다.

따라 써 보세요!

eight 여덟(의)

ten 열(의)

eleven 열하나(의)

(1) I am turning eight. 나는 여덟 살이 돼.

I am

(2) I am turning ten. 나는 열 살이 돼.

(3) I am turning eleven. 나는 열한 살이 돼.

Plus+ I am turning thirteen. 나는 열세 살이 돼.

쓰기 TIP 숫자 13부터 19까지는 단어 끝에 '10'이라는 뜻을 가지는 -teen이 붙어요.

나만의 일기를 써 봐요!

다가오는 생일에 몇 살이 되나요?

I am _____ .

잠고 표현 eleven 11 | twelve 12 | thirteen 13 | fourteen 14 | fifteen 15 | sixteen 16 |
seventeen 17 | eighteen 18 | nineteen 19 | twenty 20

I invited my friends to my party.
We had a **great** time.

나는 내 친구들을 파티에 초대했어.

우리는 정말 즐거운 시간을 보냈어.

Quiz

내 생일 파티에 몇 명의 친구들을
초대했는지 알맞은 곳에
✓표시를 해봐.

| 4 | 5 |

새미는 생일 파티에 많은 친구들을 초대해 정말 즐겁고 재미있는 시간을 보냈어요. '우리는 ~한 시간을 보냈다'라는 표현은 〈We had a + 형용사 + time〉의 형태로 써서 나타내요. 형용사 자리에는 great, wonderful, terrible, bad 등 긍정과 부정의 단어가 모두 올 수 있어요.

따라 써 보세요!

wonderful

terrible

quiet

① **We had a wonderful time.** 우리는 아주 멋진 시간을 보냈어.

We had

② **We had a terrible time.** 우리는 끔찍한 시간을 보냈어.

③ **We had a quiet time.** 우리는 조용한 시간을 보냈어.

Plus + **We had a nice time.** 우리는 좋은 시간을 보냈어.

 쓰기 TIP   동사 had는 have(가지다, 있다)의 과거형이에요.

나만의 일기를 써 봐요!

지난 주말에 가족들과 어떤 시간을 보냈는지 써 보세요.

We had _____ .

참고 표현 **great** 정말 즐거운, 정말 기쁜 | **amazing** 놀라운 | **wonderful** 아주 멋진 | **good** 좋은

We have a spelling test every day.
I got **seven out of** ten today.

우리는 매일 받아쓰기 시험을 봐.

나는 오늘 10개 중 7개를 맞았어.

(10점 만점에 7점을 맞았어.)

Quiz

내 옆에 앉은 노라는
시험에서 몇 점을 맞았을까?

노라의 점수 : _____

시험에서 몇 점을 맞았는지 말하려면 〈I got + 숫자 + out of + 숫자〉를 활용해 '나는 ~ 중(에서) ~ 맞았다'라고 표현해요. got은 '받다'라는 뜻의 동사 get의 과거형이에요. 이미 지나간 일을 과거라고 하는데, 과거에 일어난 일은 동사의 과거형을 써서 표현해야 해요.

따라 써 보세요!

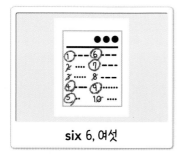

six 6, 여섯

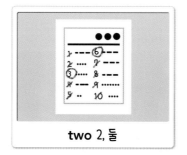

two 2, 둘

nine 9, 아홉

1 I got six out of ten. 나는 10개 중 6개 맞았어.

I got

2 I got two out of ten. 나는 10개 중 2개 맞았어.

3 I got nine out of ten. 나는 10개 중 9개 맞았어.

Plus+ I got a perfect score. 나는 만점을 맞았어.

쓰기 TIP 시험에서 만점을 맞았다면 '완벽한'이라는 뜻의 단어 perfect를 사용해 a perfect score라고 말해요.

 나만의 일기를 써 봐요!

최근에 학교나 학원에서 본 시험에서 몇 점을 맞았나요?

I _____ .

참고 표현 **ten** 10 | **twenty** 20 | **thirty** 30 | **forty** 40 | **fifty** 50 | **sixty** 60 | **seventy** 70 |
eighty 80 | **ninety** 90 | **hundred** 100

Thanksgiving Day
추수 감사절

It's Thanksgiving Day.
My mom made delicious food.

추수 감사절이야.

엄마가 맛있는 음식을 만드셨어.

Quiz

사진 속 옥수수의 개수를
세어 영어로 써 봐.

_____

 새미의 일기 엿보기

우리나라에 설날과 추석이 있는 것처럼 미국과 영국, 캐나다를 비롯한 많은 나라에도 대표 명절이 있는데,
그중 하나가 바로 Thanksgiving Day(추수 감사절)랍니다. It은 요일, 날씨, 시간, 계절 등을 가리키는 말로,
아무 뜻이 없어서 해석하지 않아요.

따라 써 보세요!

Christmas

Children's Day

Parents' Day

1 It's Christmas. 크리스마스다.

It's

2 It's Children's Day. 어린이날이다.

3 It's Parents' Day. 어버이날이다.

Plus + It's Chuseok. 추석이다.

 쓰기 TIP 추석은 우리나라 고유의 명절이지요. 이처럼 세상에 단 하나뿐인 고유한 명사에는 첫 글자를 항상 대문자로 써요.

나만의 일기를 써 봐요!

이번 달에 공휴일이나 명절이 있나요? 오늘이라고 생각하고 써 보세요.

It's _____.

참고 표현 New Year's Day 새해 첫날 | Valentine's Day 발렌타인 데이 |
Teacher's Day 스승의 날 | National Liberation Day 광복절 | Hanguel Day 한글날

날씨 표현

우리의 일상생활에서 날씨 표현들을 빼놓을 수는 없겠지요.
다양한 기본 날씨 표현들을 알아볼까요?

It's warm.

It's hot.

It's sunny.

It's cold.

It's windy.

It's foggy.

It's rainy.

It's snowy.

- **It's warm.** 따뜻해.
- **It's cold.** 추워.
- **It's rainy.** 비가 내려.
- **It's hot.** 더워.
- **It's windy.** 바람이 많이 불어.
- **It's snowy.** 눈이 와.
- **It's sunny.** 맑고 화창해.
- **It's foggy.** 안개가 꼈어.

가로세로 낱말 퀴즈

다음 그림을 보고 알맞은 단어를 써서 퍼즐을 완성하세요.

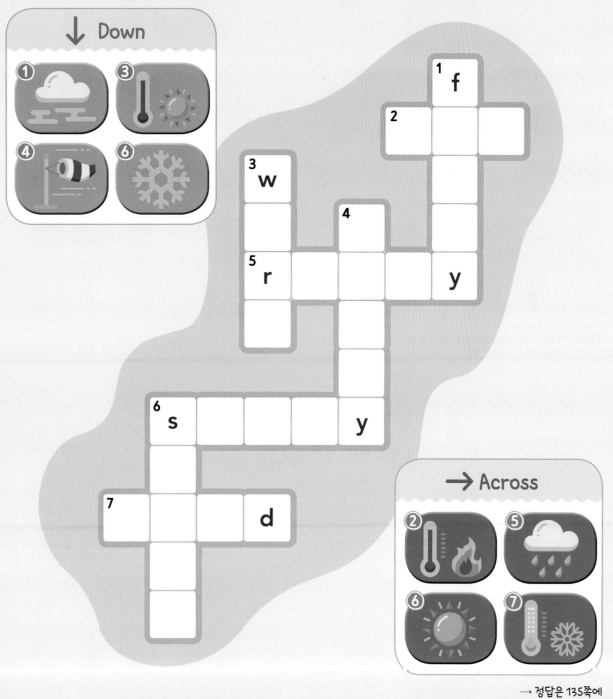

↓ Down

① ③
④ ⑥

→ Across

② ⑤
⑥ ⑦

Nora's birthday is **this weekend.**
She's having a **birthday party.**

노라의 생일이 이번 주말이야.

노라는 생일 파티를 할 거야.

Quiz

오늘은 3월 17일이고, 노라의
생일은 이번 토요일이야.
그렇다면 노라의 생일은 언제일까?

_____월 _____일

새미의 일기 엿보기

노라의 생일 파티에 초대되었어요. 친구의 다가오는 생일이 언제인지 말하고 싶을 때는 미래의 시간을 나타내는 말들을 사용합니다. 〈이름's + birthday is〉 뒤에 tomorrow(내일), this weekend(이번 주말) 등의 미래를 알려주는 표현을 넣어서 쓰면 돼요.

따라 써 보세요!

next week

tomorrow

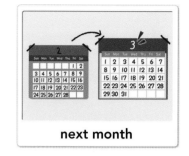

next month

① Sam's birthday is next week. 샘의 생일은 다음 주야.

Sam's birthday is _____

② Yebin's birthday is tomorrow. 예빈이의 생일은 내일이야.

③ Minkyu's birthday is next month. 민규의 생일은 다음 달이야.

Plus+ Mom's birthday is this weekend. 엄마의 생신은 이번 주말이야.

쓰기 TIP   이름이나 사람 뒤에 's를 붙이면 '누구의'를 뜻해요.

 나만의 일기를 써 봐요!

제일 친한 친구의 생일은 언제인지 써 보세요.

_____ is _____ .

참고 표현 tomorrow 내일 | this weekend 이번 주말 | next week 다음 주 | next month 다음 달

I wrote a card for Nora.
I gave her a toy car.

나는 노라에게 카드를 썼어.

그 애에게 장난감 자동차를 주었지.

Quiz

내가 노라에게 장난감 자동차와
함께 준 것은 무엇일까?

① book   ② letter   ③ card

새미의 일기 엿보기

동사 give는 '주다'라는 뜻으로 쓰이는데요, '~에게 …을 주다'라고 표현하려면 〈give + 사람 + 사물〉의 순서로 써요. give의 과거형인 gave를 사용해 '~에게 …을 주었다'로 나타낼 수 있어요. give는 불규칙하게 과거로 변하는 동사이니 주의해야 해요.

따라 써 보세요!

a letter

a cap

a book

(1) I gave her a letter. 나는 그녀에게 편지를 주었어.

I gave her

(2) I gave her a cap. 나는 그녀에게 모자를 주었어.

(3) I gave her a book. 나는 그녀에게 책을 주었어.

Plus + I gave her an umbrella. 나는 그녀에게 우산을 주었어.

 쓰기 TIP   명사가 하나일 때, 명사 앞에 '하나, 한 개'를 나타내는 a나 an을 사용해요. an은 첫소리가 모음으로 시작하는 단어 앞에 써요. 명사가 하나일 땐 단수라고 말합니다.

  나만의 일기를 써 봐요!

가장 최근에 누구에게 어떤 선물을 주었나요?

I gave _____.

참고 표현   my grandparents 우리 조부모님 | Dad 아빠 | Mom 엄마 | my friend 내 친구 |
a card 카드 | a flower 꽃 한 송이

Lisa and I played hopscotch.

I won the game.

리사와 나는 사방치기 놀이를 했어.

내가 이겼어.

내 머리띠와 옷은 무슨 색일까?

r

hopscotch는 우리말로 사방치기 또는 돌차기 놀이라고 해요. 친구와 놀다가 게임에서 이겼을 때는 I won the game.이라는 표현을 쓴답니다. won은 '이기다'라는 뜻의 동사 win의 과거형이에요. 반대로 게임에서 졌을 때는 lose의 과거형 동사인 lost를 사용해 I lost the game.으로 표현해요.

따라 써 보세요!

won the game

lost the game

two to one

① I won the game. 내가 게임에서 이겼어.

I won

② I lost the game. 내가 게임에서 졌어.

③ I won two to one. 내가 2 대 1로 이겼어.

Plus+ I lost three to one. 내가 3 대 1로 졌어.

 쓰기 TIP   I won, I lost 뒤에 two to one(2 대 1), three to one(3 대 1) 등의 숫자를 넣어 점수를 나타낼 수 있어요.

나만의 일기를 써 봐요!

최근에 친구와 한 게임이나 내기에서 졌나요, 이겼나요?

I _____ .

삼고 표현   **won** 이겼다 | **lost** 졌다 | **four to three** 4 대 3 | **three to two** 3 대 2

A Halloween Parade
핼러윈 퍼레이드

It's Halloween tomorrow.
There is a Halloween Parade at school.

내일은 핼러윈이야.

학교에서 핼러윈 퍼레이드가 있어.

Quiz

나는 무슨 의상을 입었을까?
그림에서 나를 찾아 동그라미 해봐.

핼러윈 날에는 학교에서 핼러윈 퍼레이드가 있어요. 모두들 무서운 의상을 차려 입고 운동장이나 학교 주변을 돌지요. '~이 있다'라고 나타낼 때 There is / are를 활용해요. There is 뒤에는 단수 명사를 쓰고, There are 뒤에는 복수 명사(둘 이상인 명사)를 사용해요.

따라 써 보세요!

a field trip

a talent show

a show-and-tell

① There is a field trip. 현장 학습이 있다.

There is

② There is a talent show. 장기자랑이 있다.

③ There is a show-and-tell. 발표가 있다.

Plus+ There are soccer games. 축구 경기들이 있다.

쓰기 TIP   There are 뒤에는 복수 명사가 와야 해요. 명사가 둘 이상일 때는 복수라고 말해요.

 나만의 일기를 써 봐요!

우리 학교에 있는 행사를 써 보세요.

_____ at school.

참고 표현   **a picnic** 소풍 | **a play** 연극 | **an exhibition** 전시회 | **a race** 육상대회 |
         a class election 반장 선거

I wore a dinosaur costume.
My sister was a princess.

나는 공룡 의상을 입었어.

내 여동생은 공주였지.

 Quiz

나와 친구들은 다양한 의상을 입었어.
다음 중 그림에서 없는 의상은 무엇일까?

① zombie ② witch ③ princess

 핼러윈에는 아이들이 유령과 마녀로 분장해 축제를 즐겨요. 새미는 공룡 의상을 입었고 여동생은 공주로 분장을 했어요. 친구에게 '나는 ～이었다'라고 말할 때는 〈I was + 명사〉로 나타내요. 과거의 일을 말하는 것이니 be동사 am, is의 과거형 was를 써야 하지요.

 따라 써 보세요!

a witch

a pirate

a superhero

1 I was a witch. 나는 마녀였어.

I was

2 I was a pirate. 나는 해적이었어.

3 I was a superhero. 나는 슈퍼히어로였어.

Plus + She was a fairy. 그녀는 요정이었어.

쓰기 TIP　주어가 He, She, It인 경우에는 be동사 is의 과거형인 was를 써요.

 나만의 일기를 써 봐요!

지난번 핼러윈 때 무엇으로 분장했나요?

I _____ .

참고 표현　**a ballerina** 발레리나 ｜ **a prince** 왕사 ｜ **a soldier** 군인 ｜ **a firefighter** 소방관 ｜
a zombie 좀비 ｜ **a ghost** 유령

I went Trick or Treating yesterday.
It was so much fun.

어제 '사탕 안 주면 장난칠 거예요'를 하러 갔었어.
아주 재미있었어.

Quiz

나와 내 친구들이
무엇을 얻으러 다녔는지
우리말로 써 봐.

_____

친구에게 어제 무엇을 했었는지 말할 때는 〈I went + 동사ing〉로 표현해요. '나는 ～하러 갔었다'라는 의미예요. went는 go(가다)의 과거형이고요. 핼러윈 저녁에는 아이들이 집집마다 돌아다니며 '사탕 안 주면 장난칠 거예요!'라는 의미의 "Trick or treat!"을 외치고 사탕이나 초콜릿 등을 얻어요.

따라 써 보세요!

camping

swimming

skating

① **I went camping.** 나는 캠핑하러 갔었어.

I went

② **I went swimming.** 나는 수영하러 갔었어.

③ **I went skating.** 나는 스케이트 타러 갔었어.

Plus+ **I went bowling.** 나는 볼링하러 갔었어.

쓰기 TIP 동사 뒤에 -ing를 붙이면 동사가 명사처럼 될 수 있고, 명사의 역할을 하기도 해요.

 나만의 일기를 써 봐요!

지난 주말에 무엇을 했나요?

I went ＿＿＿＿＿＿＿＿＿＿＿＿＿＿＿＿＿＿＿＿＿ **.**

참고 표현　**fishing** 낚시 하기 ｜ **skiing** 스키 타기 ｜ **snowboarding** 스노보드 타기 ｜
　　　　jogging 조깅하기

Jason is a bully.
He pushes and pulls other kids.

제이슨은 친구들을 괴롭히는 아이야.

다른 애들을 밀치고 당겨.

Quiz

'다른 친구들을 괴롭히는 아이'를 영어로
무엇이라고 하는지 빈칸을 채워 알아봐.

b ☐ ☐ l ☐

우리가 매일 일상에서 반복하는 행동이나 습관을 말할 때는 동사의 현재형을 사용해요. 주어가 He, She, It 인 경우에는 동사 뒤에 -s나 -es를 붙여요.

따라 써 보세요!

helps

pinches

kicks

① He helps other kids. 그는 다른 아이들을 도와줘.

He helps

② He pinches other kids. 그는 다른 아이들을 꼬집어.

③ He kicks other kids. 그는 다른 아이들을 발로 차.

Plus+ He yells at other kids. 그는 다른 아이들에게 소리 질러.

쓰기 TIP   s, ch, sh, x로 끝나는 동사 뒤에는 -s 대신에 -es를 붙입니다. (push → pushes, pinch → pinches)

 나만의 일기를 써 봐요!

주변에 남을 괴롭히는 아이가 있나요? 어떤 행동을 하는지 써 보세요.

_____ other kids.

참고 표현   hit 때리다 | push 밀다 | pull 잡아 당기다

My sister picks her nose.
She also farts a lot.

내 여동생은 코를 파.

방귀도 많이 뀌지.

Quiz

내 여동생이 자주 하는
재미있는 버릇을 모두 골라봐.

① 코 파기   ② 트림하기   ③ 방귀 뀌기

새미의 여동생에게는 재미있는 버릇이 있어요. 시도 때도 없이 코를 파고 틈만 나면 방귀를 마구 뀌어대죠.
새미의 여동생처럼 습관적으로 하는 행동은 동사 뒤에 -s나 -es를 붙여서 표현합니다.

따라 써 보세요!

yawns a lot

bites her nails

sucks her thumb

① My sister yawns a lot. 내 여동생은 하품을 많이 해.

My sister

② My sister bites her nails. 내 여동생은 손톱을 물어뜯어.

③ My sister sucks her thumb. 내 여동생은 엄지손가락을 빨아.

Plus+ My brother scratches his nose. 내 오빠는 코를 긁어.

쓰기 TIP　남동생이나 형, 오빠라면 his를 써서 '그의'를 나타내요.

 나만의 일기를 써 봐요!

동생이나 언니, 누나가 버릇처럼 하는 행동은 무엇인가요?

My _____ a lot.

참고 표현　burp 트림하다 ｜ talk 말하다, 수다를 떨다 ｜ eat 먹다 ｜ hair 머리카락 ｜ scratch 긁다 ｜
head 머리 ｜ arm 팔

I love painting.
I am good at dancing, too.

나는 그림 그리는 것을 아주 좋아해.

춤추는 것도 잘해.

Quiz

사진 속 내가 무슨 춤을 추고 있는지
알맞은 곳에 ✓표시를 해봐.

 밸리댄스   발레

새미의
일기
엿보기

모든 사람에게는 뛰어난 재주가 하나씩 있어요. 새미는 그림 그리는 것과 춤추는 것을 잘해요. 새미처럼 '나는 ~을 잘한다'라고 말하려면 〈I am good at + 동사ing〉로 표현해요. at 뒤에 오는 동사ing는 '~하기, ~하는 것'으로 해석할 수 있어요. 친구들은 무엇을 제일 잘하나요?

따라 써 보세요!

coloring

writing

running

1 I am good at coloring. 나는 색칠을 잘해.

I am good at

2 I am good at writing. 나는 글쓰기를 잘해.

3 I am good at running. 나는 달리기를 잘해.

Plus+ We are good at singing. 우리는 노래를 잘 불러.

쓰기 TIP 주어가 We, You, They일 때는 be동사 am을 are로 고쳐 씁니다.

나만의 일기를 써 봐요!

내가 잘하는 것을 써 보세요.

I am _____ .

참고 표현 **drawing** 그림 그리기 | **building blocks** 블록 만들기 | **playing computer games** 컴퓨터 게임하기 | **making stories** 이야기 만들기

Peace is **making friends.**
Peace is **saying kind words.**

평화는 친구를 만드는 거야.
평화는 친절한 말을 하는 거지.

Quiz

다음 빈칸을 채워서 '평화'를
뜻하는 단어를 알아봐.

p ☐ a ☐ e

친구들이 생각하는 평화는 무엇인가요? 형제자매와 사이좋게 지내기, 가족에게 사랑한다고 말하기, 착한 말
쓰기 등 우리가 생각하는 평화는 다양한 모습일 수 있어요. '평화는 ~이다'라고 말하려면 〈Peace is + 동사
ing〉의 형태로 표현해요.

따라 써 보세요!

helping other people

not fighting

loving other people

(1) Peace is helping other people. 평화는 다른 사람들을 돕는 것이다.

Peace is _____

(2) Peace is not fighting. 평화는 싸우지 않는 것이다.

(3) Peace is loving other people. 평화는 다른 사람들을 사랑하는 것이다.

Plus + Peace is holding hands. 평화는 손을 잡는 것이다.

쓰기 TIP 동사ing는 '~하기, ~하는 것'으로 해석해요. 그래서 '공부하는 것'은 studying, '만드는 것'은 making이라고 하죠.

 나만의 일기를 써 봐요!

내가 생각하는 평화는 무엇인지 써 보세요.

Peace is _____.

참고 표현 hugging 안아주기 | **sharing** 함께 쓰기 | **playing together** 함께 놀기 | **being nice** 상냥하게 대하기

코딱지와 트림

어린 동생이 코를 파나요? 똥이 마렵다고 해요? 아니면 방귀를 뀌었나요?
영어로 이런 표현들은 어떻게 말하는지 한번 알아보아요!

booger 코딱지

- **Stop picking your nose.** 코 그만 파.
- **Look at the booger.** 코딱지 봐.

sleep, sand 눈곱

- **There's sleep in your eye.** 눈에 눈곱 있어.
- **Why don't you wipe your eyes?**
  눈곱 좀 떼지 그러니?

burp 트림하다

- **I burped.** 제가 트림을 했어요.

fart 방귀 뀌다

- **I farted.** 제가 방귀를 뀌었어요.

*트림하거나 방귀를 뀌었을 때는 Excuse me.(실례합니다, 죄송합니다)라는 표현을 써서 말해요.

poop 똥을 싸다 / pee 오줌을 누다

- **I need to poop.** 나 똥 눠야 해.
- **I need to pee.** 나 오줌 눠야 해.

stink 냄새나다

- **You stink.** 너 냄새나.

미로 찾기

선을 따라 잇고, 각 그림에 알맞은 단어를 쓰세요.

stink – booger – sleep – burp – fart – poop

① ....

② ....

③ ....

④ ....

⑤ ....

⑥ ....

→ 정답은 135쪽에

I like winter.
I can snowboard.

나는 겨울을 좋아해.
나는 스노보드를 탈 수 있어.

내가 타고 있는 스노보드는 노란색이야.
내 옷은 이지.
노란색과 빨간색을 섞으면
무슨 색이 될까? (힌트 : 글)

_____

일상생활 속에서 '나는 ~을 할 수 있다'라는 말을 정말 많이 사용하죠. can이 바로 이런 능력이나 가능을
나타내는 말이에요. 항상 〈can + 동사원형〉의 형태로 표현해요. 동사원형이란 동사 원래의 모양을 말하고,
단수나 복수에 상관없이 형태가 바뀌지 않아요.

따라 써 보세요!

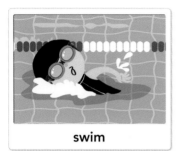
swim

count to 100

play the piano

① **I can swim.** 나는 수영할 수 있어.

I can

② **I can count to 100.** 나는 숫자 100까지 셀 수 있어.

③ **I can play the piano.** 나는 피아노를 칠 수 있어.

Plus+ **She can speak English.** 그녀는 영어를 말할 수 있어.

쓰기 TIP 주어가 He, She, We 등으로 바뀌어도 can의 모양은 변하지 않아요.

 나만의 일기를 써 봐요!

내가 가장 잘할 수 있는 것은 무엇인가요?

I _____.

참고 표현 **sing** 노래하다 | **run fast** 빠르게 달리다 | **help my mom** 엄마를 도와드리다 |
clean my room 내 방을 치우다 | **walk my dog** 개를 산책시키다

My sister can't swim yet.
She's too young to learn.

내 여동생은 아직 수영을 못 해.

배우기에는 너무 어리거든.

Quiz

내 여동생이 들고 있는 튜브의
색깔을 모두 골라봐.

① pink　② green　③ red

내가 할 수 있는 것들도 많지만, 때때로 내가 할 수 없는 것들이 있을 때가 있어요. '나는 ~을 할 수 없다'라고 표현하려면 can 뒤에 not을 붙이면 돼요. cannot을 줄여 〈can't + 동사원형〉으로 쓰면 된답니다.

따라 써 보세요!

reach

open the door

run fast

1 I can't reach. 나는 손이 안 닿아.

I can't

2 I can't open the door. 나는 문을 열 수가 없어.

3 I can't run fast. 나는 빨리 못 달려.

Plus He can't jump high. 그는 높이 뛸 수 없어.

 주어가 He, She, We 등으로 바뀌어도 동사 뒤에 -s나 -es를 붙이지 않아요.

나만의 일기를 써 봐요!

내가 못하는 스포츠는 무엇이 있나요?

I can't _____.

참고 표현 **play baseball** 야구를 하다 | **play basketball** 농구를 하다 | **play golf** 골프를 치다 |
play tennis 테니스를 치다

Christmas Is Coming

크리스마스가 다가온다

Christmas is coming.
We decorated a Christmas tree.

크리스마스가 오고 있어.

우리는 크리스마스 트리를 장식했어.

새미가 일 년 중 가장 좋아하는 크리스마스가 다가오고 있어요. 명절이나 특별한 날이 다가온다고 말하고 싶을 때는 〈명사 + is coming〉으로 표현해요.

따라 써 보세요!

My birthday

Halloween

Summer vacation

(1) My birthday is coming. 내 생일이 오고 있어.

My birthday

(2) Halloween is coming. 핼러윈이 오고 있어.

(3) Summer vacation is coming. 여름 방학이 오고 있어.

Plus + Winter break is coming. 겨울 방학이 오고 있어.

쓰기 TIP 짧은 방학이나 휴식 시간을 말할 때는 break를 쓰기도 해요.

 ## 나만의 일기를 써 봐요!

어떤 특별한 날이 다가오고 있나요?

_____ is _____.

참고 표현 Children's Day 어린이날 | **Parents' Day** 어버이날 | **New Year's Day** 새해 첫날

Day 33   87

Heart Map
마음 지도

I love my family.
They are **special** to me.

나는 우리 가족을 사랑해.

그들은 나에게 특별해.

Quiz

내가 우리 가족을 위해
그린 마음 지도를 그림에서
찾아 동그라미 해봐.

자신의 마음을 '마음 지도'로 표현해 본 적 있나요? 하트 모양의 '마음 지도'를 내게 소중한 사람과 추억으로 채우다 보면 내가 가장 중요하게 생각하는 것이 무엇인지 알 수 있을 거예요. '그들은 나에게 ~하다'를 나타낼 때는 〈They are + 형용사 + to me〉를 써서 나의 마음을 표현할 수 있어요.

따라 써 보세요!

important

beautiful

nice

(1) **They are important to me.** 그들은 나에게 중요해.

They are

(2) **They are beautiful to me.** 그들은(그것들은) 나에게 아름다워.

(3) **They are nice to me.** 그들은 나에게 잘 해줘.

Plus + **They are not important to me.** 그들은 나에게 중요하지 않아.

쓰기 TIP   나에게 중요하지 않다면 형용사 바로 앞에 not을 붙여서 말해요.

 나만의 일기를 써 봐요!

가족이나 친구들은 나에게 어떤 의미인가요?

They are _____ to me.

참고 표현   **special** 특별한 | **important** 중요한 | **precious** 소중한 | **good** 좋은 |
lovely 사랑스러운

Day 35

Merry Christmas
메리 크리스마스

Merry Christmas! Happy New Year!

Merry Christmas!
Happy New Year!

메리 크리스마스!

새해 복 많이 받아!

Quiz

크리스마스는 몇 월에 있을까?
알맞은 곳에 ✓표시를 해봐.

| 12월 | 1월 |

재미의 일기 엿보기

드디어 기다리던 즐거운 크리스마스예요. 명절과 특별한 날에는 앞에 happy를 붙여서 인사를 주고받아요. 핼러윈에는 Happy Halloween!, 생일에는 Happy Birthday!로 인사해요. 그런데 재미있게도 크리스마스에만 merry를 붙여서 인사한답니다.

90

따라 써 보세요!

Birthday

Valentine's Day

Thanksgiving

1 Happy Birthday! 생일 축하해!

Happy

2 Happy Valentine's Day! 행복한 발렌타인 데이 보내!

3 Happy Thanksgiving! 즐거운 추수 감사절 보내!

Plus + Happy Mother's Day! 어머니의 날을 축하해요!

쓰기 TIP 영어권에서는 어머니의 날(Mother's Day)과 아버지의 날(Father's Day)이 따로 있어요.

 나만의 일기를 써 봐요!

오늘이 1월 1일이라고 생각하고 인사말을 써 보세요.

_____!

참고 표현 New Year 새해

I drank hot chocolate after skiing.

It was **sweet**.

나는 스키를 탄 후에 핫초코를 마셨어.

그건 달콤했어.

음식의 맛이나 온도 등을 이야기할 때 be동사 뒤에 맛을 나타내는 말을 붙여서 표현할 수 있어요. 〈It is + 맛을 나타내는 형용사〉로 표현하고 우리말로는 '그것은 ~이다'로 해석해요. 과거인 경우에는 be동사 was 를 사용해요.

따라 써 보세요!

salty

spicy

oily

① It was salty. 그건 짰어.

It was

② It was spicy. 그건 매웠어.

③ It was oily. 그건 느끼했어.

Plus+ It was hot. 그건 뜨거웠어.

쓰기 TIP   음식이 뜨거울 때는 hot, 차가울 때는 cold, 미지근할 때는 lukewarm이라고 써요.

 나만의 일기를 써 봐요!

레모네이드를 마시고 난 뒤의 맛을 표현해 보세요.

It was _____ and _____.

참고 표현 **sweet** 맛이 달콤한 | **sour** 맛이 신 | **bitter** 맛이 쓴 | **bland** 싱거운 |
icy cold 매우 차가운

Day 36   93

Winter break is over.
I am happy to **go back to school.**

겨울 방학이 끝났어.

학교로 돌아가게 돼서 기뻐.

Quiz

창밖의 날씨는 어떤지
알맞은 곳에 ✓표시를 해봐.

겨울 방학이 끝나고 다시 학교로 돌아가게 되었어요. 학교로 돌아가면 선생님과 친구들을 만날 수 있어 너무 기뻐요. '나는 ~해서 기쁘다'는 〈I'm / I am happy to + 기쁜 이유〉 순으로 써서 나타내요. 어떤 것이 끝났다고 할 때 finish, end 같은 동사를 쓸 수도 있지만 over(끝이 난)를 쓰기도 해요.

94

 따라 써 보세요!

meet you

help others

learn this

(1) I am happy to meet you. 너를 만나게 돼서 기뻐.

I am happy to

(2) I am happy to help others. 다른 사람들을 도울 수 있어 기뻐.

(3) I am happy to learn this. 이것을 배우게 돼서 기뻐.

Plus+ I am sad to say goodbye. 헤어져서 슬퍼.

쓰기 TIP 슬플 때는 〈I am sad to + 슬픈 이유〉로 표현할 수 있어요.

 나만의 일기를 써 봐요!

요즘에 기쁜 마음으로 하고 있는 것을 써 보세요.

I am _____ .

참고 표현 **study English** 영어를 공부하다 | **make new friends** 새로운 친구들 사귀다 |
help mom 엄마를 도와드리다 | **bake cookies** 쿠키를 굽다

A Wiggly Tooth

이가 흔들려

I have a wiggly tooth.
It will fall out soon.

나는 흔들리는 이가 하나 있어.
곧 빠질 거야.

Quiz

영어로 '꾸불꾸불 흔들리는 모양'이
무엇인지 빈칸을 채워서 알아봐.

w ☐ ☐ g l ☐

재미의
일기
엿보기

흔들리는 이가 곧 있으면 빠질 것 같아요. 아직 일어나지 않은 미래의 일을 나타날 때는 '~할 것이다'라는
뜻을 가진 will을 사용해 〈It will + 동사원형〉으로 쓸 수 있어요. soon은 '곧'이라는 의미의 단어예요. 영어
에서는 '이가 빠진다'라는 것을 fall out(떨어져 나가다)으로 표현해요.

따라 써 보세요!

snow

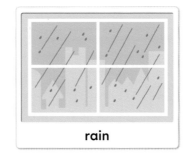

rain

end

(1) It will snow soon. 곧 눈이 올 거야.

It will

(2) It will rain soon. 곧 비가 올 거야.

(3) It will end soon. 곧 끝날 거야.

Plus+ They will come soon. 곧 그들이 올 거야.

쓰기 TIP   주어가 He나 She, They 등으로 바뀌어도 will이나 동사 come의 형태는 변하지 않아요.

 나만의 일기를 써 봐요!

내가 좋아하는 드라마나 책의 내용이 앞으로 어떻게 될지 써 보세요.

It _____ soon.

참고 표현   **start** 시작하다 | **get interesting** 재미있어지다 | **get boring** 지루해지다

Day 39 Tooth Fairy
이의 요정

I put the tooth **under** my pillow.
The tooth fairy will give me money.

나는 빠진 이를 베개 밑에 놓았어.

이의 요정이 나에게 돈을 줄 거야.

 새미는 빠진 이를 베개 밑에 놓았어요. '나는 그것을 ~에 놓았다'라고 위치를 말할 때는 〈I put it + 위치를 나타내는 말 + 명사〉 순서로 써서 표현할 수 있어요. 빠진 이를 침대 머리맡이나 베개 밑에 놓아두면 밤사이 이의 요정이 찾아와 빠진 이를 가져가고, 그 대신 동전을 놓고 간다고 해요.

98

따라 써 보세요!

on

next to

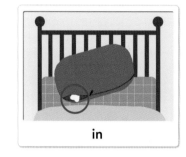

in

1 I put it on the pillow. 나는 그것을 베개 위에 놓았어.

I put it

2 I put it next to the pillow. 나는 그것을 베개 옆에 놓았어.

3 I put it in the pillow. 나는 그것을 베개 속에 놓았어.

Plus + I put it in front of the chair. 나는 그것을 의자 앞에 놓았어.

 in front of는 '~ 앞에'라는 뜻이에요. 이처럼 명사 앞에 오면서 위치나 장소를 나타내는 말을 전치사 라고 해요.

 나만의 일기를 써 봐요!

최근에 빠진 이를 어디에 놓았는지 써 보세요.

I put _____ .

참고 표현 **in** ~ 속에, ~ 안에 | **on** ~ 위에 | **between A and B** A와 B 사이에 | **under** ~ 밑에 | **in front of** ~ 앞에 | **next to** ~ 옆에

Mike already lost three teeth.

I envy him.

마이크는 벌써 이가 세 개나 빠졌어.

나는 그 애가 부러워.

새미의 일기 엿보기

already는 '이미, 벌써'라는 뜻이에요. '나는 이미 ~했다'를 나타낼 때는 I already 뒤에 동사의 과거형을 써서 과거에 이미 한 행동을 표현해요. 새미는 벌써 이가 세 개나 빠진 마이크가 부러워요. 누군가에게 '좋겠다'라고 부러운 마음으로 말할 때는 envy라는 단어를 써요. jealous(질투하는)는 부정적인 감정을 나타내지요.

따라 써 보세요!

did my homework

had lunch

called my mom

(1) **I already did my homework.** 나는 이미 숙제를 했어.

I already

(2) **I already had lunch.** 나는 이미 점심을 먹었어.

(3) **I already called my mom.** 나는 이미 엄마에게 전화했어.

Plus+ **I already read this book.** 나는 이미 이 책을 읽었어.

쓰기 TIP 과거형일 때 불규칙하게 변하는 동사에 주의하세요. read의 과거형은 [뤠드]로 발음해야 해요.
do – did 하다 – 했다 / have – had 먹다 – 먹었다 / read – read 읽다 – 읽었다

 나만의 일기를 써봐요!

나는 지금까지 이가 몇 개 빠졌나요?

I already _____.

참고 표현 two 2 | three 3 | four 4 | five 5

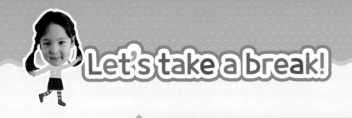

미국 어린이들의 장래희망 1순위

미국과 영국에서 어린이들에게 장래희망이 무엇인지 조사를 한 결과,

유튜버 또는 크리에이터가 1위를 차지하였어요. 여러분은 나중에 커서 무엇이 되고 싶은가요?

1. youtuber/creator
유튜버/크리에이터

2. teacher
선생님

3. professional athlete
운동선수

4. musician
음악가

5. astronaut
우주비행사

출처 : Harris Insights & Analytics LLC, A Stagwell Company © 2018

직업 사다리 타기

사다리 타기 놀이를 통해 나는 커서 무엇이 되고 싶은지 이야기해 보세요.

→ 정답은 135쪽에

This year, I'm not going to cry.
I'm going to help my sister more.

올해 나는 울지 않을 거야.

나는 여동생을 더 많이 도와줄 거야.

새미의 일기 엿보기

새해가 밝았어요. 나의 새해 결심이나 마음가짐을 말할 때는 뭐라고 말해야 할까요? 가까운 미래의 할 일을 이야기할 때는 〈I'm / I am going to + 동사원형〉 표현을 활용해서 '나는 ~할 것이다'라고 말해요. '나는 ~하지 않을 것이다'는 be동사 am 뒤에 not을 붙이면 됩니다.

따라 써 보세요!

smile

study more

get up early

① **I'm going to smile.** 나는 웃을 거야.

I'm going to

② **I'm going to study more.** 나는 공부를 더 많이 할 거야.

③ **I'm going to get up early.** 나는 일찍 일어날 거야.

Plus+ **We are going to exercise every day.** 우리는 매일 운동할 거야.

쓰기 TIP   주어가 We이면 be동사 am을 are로 고쳐요. every day는 '매일'이라는 의미를 나타내요.

 나만의 일기를 써 봐요!

오늘이 새해 1월 1일이라고 생각하고 나의 새해 결심을 써 보세요.

I _____ .

참고 표현 read many books 책을 많이 읽다 | eat vegetables 야채를 먹다 |
listen to my parents 부모님 말씀을 듣다 | sleep early 일찍 자다

Day 41   105

I couldn't **read** last year.
But this year, I can read books.

나는 작년에는 책을 못 읽었어.
하지만 올해는 책을 읽을 수 있어.

새미의 일기 엿보기 새미는 작년에 책을 못 읽었어요. '나는 ~할 수 없었다'는 어떻게 표현하는지 알아볼까요? '할 수 있다'는 can, '할 수 없다'는 can't를 사용하죠? 과거일 때는 can의 과거형 could, can't의 과거형 could not을 씁니다. 그래서 과거에 할 수 없었던 일을 말할 때는 〈I could not / I couldn't + 동사원형〉으로 표현해요.

따라 써 보세요!

write

swim

play the violin

1 I couldn't write last year. 나는 작년에는 글씨를 쓰지 못했어.

I couldn't

2 I couldn't swim last year. 나는 작년에는 수영을 못했어.

3 I couldn't play the violin last year. 나는 작년에는 바이올린을 못 켰어.

Plus + I couldn't skip rope last year. 나는 작년에는 줄넘기를 하지 못했어.

쓰기 TIP 〈play + the 악기〉로 쓰면 '악기를 연주하다'라는 의미예요.

나만의 일기를 써 봐요!

작년에 하지 못했던 것은 무엇인가요?

I _____ last year.

참고 표현 **write my name** 내 이름을 쓰다 | **sleep alone** 혼자 자다 | **eat kimchi** 김치를 먹다 |
roller skate 롤러스케이트를 타다 | **play the ukulele** 우쿨렐레를 연주하다

I practice reading every day.
I read books to my sister.

나는 매일 책 읽는 것을 연습해.

여동생에게 책을 읽어주지.

새미의
일기
엿보기

practice는 '연습하다'라는 뜻의 동사예요. '나는 ~하는 것을 연습하다'라고 말하고 싶을 때는 practice 뒤에 동사ing를 붙여요. 새미는 매일 동생에게 책을 읽어주며 읽는 연습을 해요. 친구들도 매일 연습하는 것이 있나요?

따라 써 보세요!

swimming

riding a bicycle

playing the guitar

① **I practice swimming.** 나는 수영을 연습해.

I practice

② **I practice riding a bicycle.** 나는 자전거 타는 것을 연습해.

③ **I practice playing the guitar.** 나는 기타 치는 것을 연습해.

Plus + **I practice counting to 100.** 나는 숫자 100까지 세는 것을 연습해.

쓰기 TIP   count to는 '~까지 세다'라는 뜻이에요.

 나만의 일기를 써 봐요!

무엇을 매일 연습하는지 써 보세요.

I practice _____ **every day.**

참고 표현   **doing yoga** 요가를 하다 | **dancing ballet** 발레를 하다 | **yodeling** 요들송을 부르다 |
painting a picture 그림을 그리다

I want to **have a cell phone.**
But Mom says no.

나는 휴대폰이 가지고 싶어.
그런데 엄마가 안 된다고 하셔.

 새미의 일기 엿보기 want는 '원하다'라는 뜻의 동사예요. 친구나 엄마에게 '나는 ~하고 싶다'라고 말하려면 I want to 뒤에 하고 싶은 일을 붙여서 표현하면 된답니다. to 뒤에 붙이는 하고 싶은 일은 반드시 동사원형으로 쓰는 것 잊지 마세요.

따라 써 보세요!

drink water

eat ice cream

sleep

① I want to drink water. 나는 물을 마시고 싶어.

I want to

② I want to eat ice cream. 나는 아이스크림이 먹고 싶어.

③ I want to sleep. 나는 자고 싶어.

Plus+ I want to be tall. 나는 키가 크고 싶어.

쓰기 TIP   be동사(am, are, is)의 원래 동사 모양은 be예요.

 나만의 일기를 써 봐요!

지금 이 공부가 끝나면 무엇을 하고 싶나요?

I _____ .

참고 표현   **watch TV** TV를 보다 | **play online games** 온라인 게임을 하다 | **listen to music** 음악을 듣다 | **go to the playground** 놀이터에 가다

I Got Upset
속상했어

My sister didn't listen to me.
I got upset.

내 여동생이 내 말을 안 들었어.

나는 속상했어.

Quiz

여동생과 나의 기분은 어떨지
글과 그림으로 표현해봐.

여동생이 새미의 말을 듣지 않아서 새미는 속상해요. 자신의 상태가 어떻게 되었는지 표현할 때는 〈I got + 상태를 나타내는 말〉로 나타낼 수 있어요. got은 '(어떤 상태가) 되다'라는 뜻의 동사 get의 과거형입니다. 불규칙하게 바뀌는 동사이니 과거형을 쓸 때 항상 주의해야 해요.

Date: Weather: ☀ ⛅ ☁ ☂ ❄

 따라 써 보세요!

hungry

sleepy

thirsty

1 I got hungry. 나는 배가 고파졌어.

I got

2 I got sleepy. 나는 잠이 왔어.

3 I got thirsty. 나는 목이 말랐어.

Plus + I got mad. 나는 몹시 화가 났어.

 쓰기 TIP   mad는 몹시 화가 났을 때 '열 받았다'라는 느낌으로 쓰여요.

 나만의 일기를 써 봐요!

친구와 다퉜을 때 나는 어떤 상태가 되었는지 써 보세요.

I got _____.

참고 표현   upset 속상한 | sad 슬픈 | disappointed 실망한 | annoyed 짜증이 난 |
nervous 불안한, 긴장된 | worried 걱정하는

A Walk with Mom
엄마와의 산책

Mom and I went for a walk.
We saw squirrels and rabbits.

엄마랑 나는 산책을 갔어.

우리는 다람쥐와 토끼를 봤지.

Quiz

공원에서 내가 만난 동물들을
모두 찾아 동그라미 해봐.

'우리는 ～을 보았다'는 〈We saw + 명사〉로 표현해요. 동사 saw는 see(보다)의 과거형이에요. 명사가 하나일 때는 명사 앞에 a나 an을 쓰고, 두 개 이상일 때는 명사 뒤에 -s나 -es를 붙여서 복수를 표시해요.

따라 써 보세요!

flowers	birds	people

① We saw flowers. 우리는 꽃들을 봤어.

We saw

② We saw birds. 우리는 새들을 봤어.

③ We saw people. 우리는 사람들을 봤어.

Plus + We saw children. 우리는 아이들을 봤어.

 쓰기 TIP people과 children은 -s나 -es를 붙이지 않고 복수를 나타내요.
a person – people 사람 한 명 – 사람들 / a child – children 아이 한 명 – 아이들

 나만의 일기를 써 봐요!

산책하러 나갔다가 무엇을 봤나요?

I saw _____ .

참고 표현 tree(s) 나무 | cloud(s) 구름 | duck(s) 오리 | butterfly(복수: butterflies) 나비

Day 46   115

Mother's Day
어머니의 날

I made a picture for Mom.
Happy Mother's Day!

나는 엄마를 위해 그림을 만들었어.
즐거운 어머니의 날이야!

새미의
일기
엿보기

made는 '만들다'라는 뜻의 동사 make의 과거형이에요. 보통은 동사 뒤에 -ed 또는 -d를 붙이지만 make, give, see처럼 모양이 불규칙하게 변하는 동사도 있어요. 누군가를 위해 무엇을 만들었을 때는 〈I made + 물건 + for + 받는 사람〉의 순서로 나타냅니다.

따라 써 보세요!

a house

a paper airplane

a crown

1 I made a house for Choco. 나는 초코를 위해 집을 만들었어.

I made

2 I made a paper airplane for Dad. 나는 아빠를 위해 종이 비행기를 만들었어.

3 I made a crown for my sister. 나는 여동생을 위해 왕관을 만들었어.

Plus+ I made a ring for Mom. 나는 엄마를 위해 반지를 만들었어.

쓰기 TIP 목걸이는 necklace, 귀걸이는 earrings, 팔찌는 bracelet, 반지는 ring이라고 해요.

 나만의 일기를 써 봐요!

어버이날에 부모님을 위해서 무엇을 만들었나요?

I _____ for my parents.

참고 표현 flowers 꽃 | carnations 카네이션 | a card 카드

You are the best dad.
I love you, Dad!

아빠는 최고의 아빠예요.

사랑해요, 아빠!

Quiz

그림을 보고 우리 가족은
누가 있는지 우리말로 써 봐.

_____

새미의
일기
엿보기

best는 '최고'라는 뜻이에요. '최고의 엄마', '최고의 아빠'는 best 앞에 the를 붙여서 the best mom, the best dad으로 표현해요. 다가오는 어버이날에 부모님께 사랑한다는 말과 함께 말해보세요.

따라 써 보세요!

teacher

friend

sister

① You are the best teacher. 최고의 선생님이세요.

You are the

② You are the best friend. 너는 최고의 친구야.

③ You are the best sister. 너는 최고의 여동생(언니, 누나)이야.

Plus + We are the best team. 우리는 최고의 팀이야.

쓰기 TIP   주어가 We, You, They일 때는 be동사 are를 써요.

 나만의 일기를 써 봐요!

엄마에게 해주고 싶은 말을 써 보세요.

Mom, _____ .

참고 표현   **a wonderful person** 멋진 사람 | **super** 대단한 | **beautiful** 아름다운

We must wash our hands often.
Let's stay safe.

우리는 손을 자주 씻어야 해.

우리 건강하게 지내자.

엄마와 내가 무엇을 씻고 있는지
알맞은 곳에 ✓ 표시를 해봐.

| face ☐ | hands ☐ |

must는 '~해야 하다'라는 의미예요. 우리가 규칙처럼 따르고 꼭 해야 하는 것들을 말할 때 사용하죠. 〈must + 동사원형〉 표현을 써서 '~을 해야 한다'라는 뜻으로 나타낼 수 있답니다.

따라 써 보세요!

look both ways

cover our mouth

wear a mask

① We must look both ways. 우리는 양쪽을 다 봐야 해.

We must

② We must cover our mouth. 우리는 입을 가려야 해.

③ We must wear a mask. 우리는 마스크를 써야 해.

Plus + We must not waste water. 우리는 물을 낭비하면 안 돼.

쓰기 TIP '~하면 안 된다'라고 표현할 때는 must 뒤에 not을 붙여줍니다.

 나만의 일기를 써 봐요!

키가 쑥쑥 자라려면 어떻게 해야 하나요?

We _____ .

참고 표현 **do exercise** 운동을 하다 | **sleep early** 일찍 자다 | **drink milk** 우유를 마시다 |
eat healthy food 건강한 음식을 먹다 | **be picky about food** 편식하다

We had a bake sale at school.
I bought cookies.

학교에서 베이크 세일을 했어.

나는 쿠키를 샀지.

Quiz

그림 속 진저브래드맨 쿠키는
모두 몇 개일까?
알맞은 단어를 찾아 동그라미 해봐.

p h e o a s i x b w

새미의 일기 엿보기

bought는 '사다'라는 뜻의 동사 buy의 과거형이에요. 무엇을 샀는지 말하고 싶을 때는 〈I bought + 명사〉를 활용해요. 베이크 세일은 북미 지역 학교나 단체에서 열리는 행사예요. 집에서 직접 구워 만든 빵, 케이크, 쿠키 등을 가져와 팔고, 얻은 수익금은 고아원이나 필요한 곳에 기부해요.

따라 써 보세요!

socks

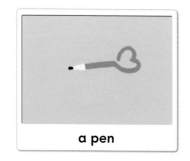
a pen

stickers

1 I bought socks. 나는 양말을 샀어.

I bought

2 I bought a pen. 나는 펜을 하나 샀어.

3 I bought stickers. 나는 스티커를 샀어.

Plus+ I bought crayons. 나는 크레용을 샀어.

쓰기 TIP 동사 buy의 과거형을 다시 알아봐요. buy – bought 사다 – 샀다

나만의 일기를 써 봐요!

최근에 받은 용돈으로 무엇을 샀는지 써 보세요.

I _____ .

참고 표현 **a pencil** 연필 | **a book** 책 | **a necklace** 목걸이 | **chocolates** 초콜릿 |
tteokbokki 떡볶이

축구 vs 미식축구

축구와 미식축구는 무엇이 어떻게 다를까요?

우리나라에서 인기 있는 축구는 soccer라고 하고, 미국에서 발달한 미식축구는 football이라고 해요.

 Soccer

우리나라와 유럽이나 남미에서 인기 있는 축구는 soccer예요. 손과 팔을 둥근 축구공에 대지 않고 발로만 차서 상대 골대에 넣는 스포츠이죠. 골대를 지키는 골키퍼가 있고, 선수들은 반팔, 반바지 유니폼과 축구화를 신어요. 종아리 보호대 말고는 다른 장비는 필요하지 않아요.

 **Football**

미국에서 아주 인기 있는 미식축구는 football 또는 American football이라고도 해요. 공은 끝이 뾰족한 타원형이고 공을 손에 쥐고 패스하거나 발로 차서 골대에 넣는데, 골키퍼는 없어요. 머리의 헬멧부터 어깨와 가슴을 가리는 어깨 패드와 다리에 끼는 허벅지 보호구까지 몸에 차는 게 많고 무거워요.

짝 맞추기 게임

다음 그림을 보고 알맞은 짝을 찾아 연결하세요.

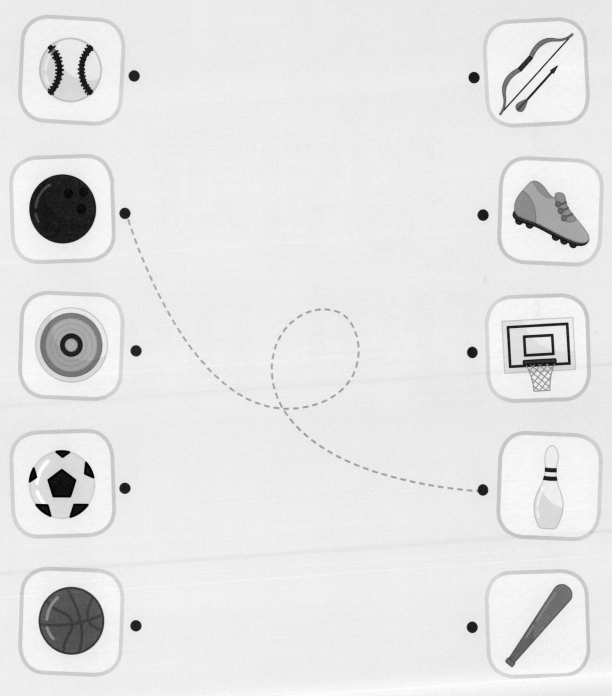

→ 정답은 135 쪽에

정답과
단어·표현

Day 01

Quiz

 9   8 ✓

나만의 일기를 써 봐요!

예 **I am nine years old.**
나는 아홉 살이야.

Day 02

Quiz

9 월   9 일

나만의 일기를 써 봐요!

예 **It is Sunday.**
일요일이야.

Day 03

Quiz

② brown

나만의 일기를 써 봐요!

예 **This is my turtle.**
얘는 내 거북이야.

Day 04

Quiz

사진에서 좋아하는 과일을 찾아보세요.

나만의 일기를 써 봐요!

예 **I love hot dogs.**
나는 핫도그를 매우 좋아해.

Day 05

Quiz

bee

나만의 일기를 써 봐요!

예 **I don't like the rain.**
나는 비를 싫어해.

Day 06

Quiz

p | l | a | y

나만의 일기를 써 봐요!

예 **We always dance together.**
우리는 항상 같이 춤을 춰.

Day 07

Quiz

예 방을 어지럽혀서 혼이 났다.

나만의 일기를 써 봐요!

예 **It makes me happy.**
나를 기쁘게 해.

정답

Day 08

Quiz

② desk

나만의 일기를 써 봐요!

예 **My dad is an office worker.**
우리 아빠는 회사원이야.

Day 09

Quiz

글과 그림으로
마음껏
표현해 보세요.

나만의 일기를 써 봐요!

예 **I'm so happy.**
나 너무 행복해.

Day 10

Quiz

a r d a d e o q

나만의 일기를 써 봐요!

예 **Dad takes me to the museum.**
아빠는 나를 박물관에 데려가 주셔.

Day 11

Quiz

co l d

나만의 일기를 써 봐요!

예 **I have a headache.**
나는 머리가 아파.

Day 12

Quiz

elbow ✓   knee

나만의 일기를 써 봐요!

예 **I hurt my finger.**
나는 손가락을 다쳤어.

Day 13

Quiz

나만의 일기를 써 봐요!

예 **Hayun is funny.**
하윤이는 재미있어.

Day 14

Quiz

① green

나만의 일기를 써 봐요!

예 **I made a paper boat.**
나는 종이배를 만들었어.

Day 15

Quiz

나만의 일기를 써 봐요!

예 **My favorite color is yellow.**
내가 가장 좋아하는 색깔은 노란색이야.

Day 16

Quiz

ball

나만의 일기를 써 봐요!

예 **We played on the swing.**
우리는 그네를 타고 놀았어.

Day 17

Quiz

b o h [n i n e] l t

나만의 일기를 써 봐요!

예 **I am turning eleven.**
나는 열한 살이 돼.

Day 18

Quiz

나만의 일기를 써 봐요!

예 **We had an amazing time.**
우리는 놀라운 시간을 보냈어.

Day 19

Quiz

노라의 점수 : __100점__

나만의 일기를 써 봐요!

예 **I got ninety.**
나는 90점을 맞았어.

Day 20

Quiz

two

나만의 일기를 써 봐요!

예 **It's Valentine's Day.**
발렌타인 데이야.

정답

Day 21

Quiz

__3__ 월 __21__ 일

나만의 일기를 써 봐요!

예 **Narae's birthday is next week.**
나래의 생일은 다음 주야.

Day 22

Quiz

③ card

나만의 일기를 써 봐요!

예 **I gave Mom a flower.**
나는 엄마에게 꽃 한 송이를 주었어.

Day 23

Quiz

r	e	d

나만의 일기를 써 봐요!

예 **I won three to two.**
나는 3 대 2로 이겼어.

Day 24

Quiz

나만의 일기를 써 봐요!

예 **There is a picnic at school.**
학교에서 소풍이 있어.

Day 25

Quiz

① zombie

나만의 일기를 써 봐요!

예 **I was a ghost.**
나는 유령이었어.

Day 26

Quiz

사탕과 초콜릿

나만의 일기를 써 봐요!

예 **I went fishing.**
나는 낚시하러 갔었어.

Day 27

Quiz

b **u** l l y

나만의 일기를 써 봐요!

예 He pushes other kids.
그는 다른 애들을 밀어.

Day 28

Quiz

① 코 파기 ③ 방귀 뀌기

나만의 일기를 써 봐요!

예 My brother talks a lot.
내 남동생은 말을 많이 해.

Day 29

Quiz

나만의 일기를 써 봐요!

예 I am good at making stories.
나는 이야기 만드는 걸 잘해.

Day 30

Quiz

p **e** a **c** e

나만의 일기를 써 봐요!

예 Peace is playing together.
평화는 함께 노는 것이다.

Day 31

Quiz

주황색

나만의 일기를 써 봐요!

예 I can run fast.
나는 빨리 달릴 수 있어.

Day 32

Quiz

① pink ② green

나만의 일기를 써 봐요!

예 I can't play basketball.
나는 농구를 못 해.

Day 33

Quiz

③ 하트 모양

나만의 일기를 써 봐요!

예 Children's Day is coming.
어린이날이 오고 있어.

정답

Day 34

Quiz

나만의 일기를 써 봐요!

 They are precious to me.
그들은 나에게 소중해.

Day 35

Quiz

12월 ✓ 1월

나만의 일기를 써 봐요!

 Happy New Year!
새해 복 많이 받아!

Day 36

Quiz

e f t s w e e t i h

나만의 일기를 써 봐요!

It was sweet and sour.
그건 새콤달콤했어.

Day 37

Quiz

나만의 일기를 써 봐요!

I am happy to study English.
나는 영어를 공부하게 돼서 기뻐.

Day 38

Quiz

 w i g g l y

나만의 일기를 써 봐요!

It will get interesting soon.
곧 재미있어질 거야.

Day 39

Quiz

이의 요 정

나만의 일기를 써 봐요!

I put it in the box.
나는 그것을 상자 속에 놓았어.

132

Day 40

Quiz

나만의 일기를 써 봐요!

예 I already lost four teeth.
나는 이미 이가 네 개 빠졌어.

Day 41

Quiz

여동생 신발 끈을 묶어 주고 있다.

나만의 일기를 써 봐요!

예 I am going to sleep early.
나는 일찍 잠을 잘 거야.

Day 42

Quiz

| t | u | r | t | l | e |

나만의 일기를 써 봐요!

예 I couldn't eat kimchi last year.
나는 작년에는 김치를 못 먹었어.

Day 43

Quiz

reading

나만의 일기를 써 봐요!

예 I practice doing yoga every day.
나는 매일 요가를 연습해.

Day 44

Quiz

③ bird

나만의 일기를 써 봐요!

예 I want to watch TV.
나는 TV를 보고 싶어.

Day 45

Quiz

글과 그림으로
마음껏
표현해 보세요.

나만의 일기를 써 봐요!

예 I got sad.
나는 슬펐어.

Day 46

Quiz

나만의 일기를 써 봐요!

예 **I saw trees.**
나는 나무들을 봤어.

Day 47

Quiz

3개

나만의 일기를 써 봐요!

예 **I made carnations for my parents.**
나는 부모님을 위해 카네이션을 만들었어.

Day 48

Quiz

아빠, 엄마, 나, 여동생, 초코

나만의 일기를 써 봐요!

예 **Mom, you are super!**
엄마, 엄마는 정말 멋져요!

Day 49

Quiz

face | hands ✓

나만의 일기를 써 봐요!

예 **We must eat healthy food.**
우리는 건강한 음식을 먹어야 해.

Day 50

Quiz

p h e o a (s i x) b w

나만의 일기를 써 봐요!

예 **I bought chocolates.**
나는 초콜릿을 샀어.

Let's take a break!

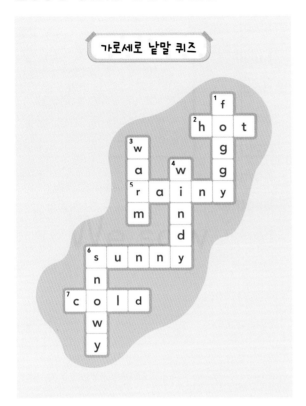

가로세로 낱말 퀴즈

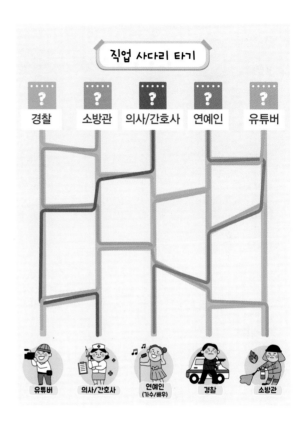

직업 사다리 타기

경찰   소방관   의사/간호사   연예인   유튜버

유튜버   의사/간호사   연예인(가수/배우)   경찰   소방관

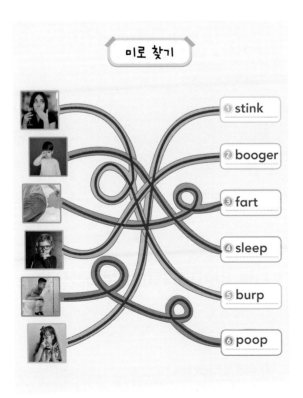

미로 찾기

① stink
② booger
③ fart
④ sleep
⑤ burp
⑥ poop

짝 맞추기 게임

단어와 표현

Day 01

☐ name	이름
☐ year	년; 살
☐ old	나이가 ~인; 늙은
☐ one	하나(의), 1
☐ two	둘(의), 2
☐ three	셋(의), 3
☐ four	넷(의), 4
☐ five	다섯(의), 5
☐ six	여섯(의), 6
☐ seven	일곱(의), 7
☐ eight	여덟(의), 8
☐ nine	아홉(의), 9
☐ ten	열(의), 10

Day 02

☐ Monday	월요일
☐ Tuesday	화요일
☐ Wednesday	수요일
☐ Thursday	목요일
☐ Friday	금요일
☐ Saturday	토요일
☐ Sunday	일요일
☐ go to school	학교에 가다
☐ today	오늘
☐ January	1월

Day 03

☐ like	좋아하다
☐ hug	껴안기, 포옹
☐ dog	개
☐ cat	고양이
☐ goldfish	금붕어
☐ hamster	햄스터
☐ brother	형, 오빠, 남동생
☐ parrot	앵무새
☐ turtle	거북
☐ rabbit	토끼
☐ iguana	이구아나

Day 04

☐ favorite	가장 좋아하는
☐ snack	간식
☐ apple	사과
☐ love	사랑하다, 대단히 좋아하다
☐ fruit	과일
☐ soup	수프
☐ ice cream	아이스크림
☐ cookies	쿠키
☐ music	음악
☐ grapes	포도
☐ banana	바나나
☐ pizza	피자
☐ fried chicken	프라이드치킨
☐ sandwich	샌드위치

☐ hot dog	핫도그	

Day 05

☐ be afraid of	~을 무서워하는
☐ bee	벌
☐ don't	~하지 않다
☐ like	좋아하다
☐ insect	곤충
☐ dark	어둠
☐ cockroach	바퀴벌레
☐ vegetable	채소
☐ homework	숙제
☐ spicy food	매운 음식
☐ math	수학
☐ fish	생선
☐ carrot	당근
☐ rain	비

Day 06

☐ sister	언니, 누나, 여동생
☐ best friend	가장 친한 친구, 단짝 친구
☐ always	항상
☐ play	놀다: 운동 경기를 하다: 악기를 연주하다
☐ together	함께, 같이
☐ study	공부하다
☐ go to school	학교에 가다
☐ eat	먹다
☐ sing	노래하다

☐ read books	책을 읽다
☐ sleep	잠을 자다
☐ swim	수영하다
☐ dance	춤추다

Day 07

☐ mom	엄마
☐ sometimes	가끔
☐ yell	소리 지르다
☐ make	만들다
☐ sad	슬픈
☐ angry	화난
☐ happy	기쁜, 행복한
☐ excited	신이 난
☐ nervous	불안한, 긴장된

Day 08

☐ dad	아빠
☐ carpenter	목수
☐ make	만들다
☐ desk	책상
☐ chair	의자
☐ farmer	농부
☐ teacher	선생님
☐ nurse	간호사
☐ engineer	엔지니어, 기사
☐ office worker	회사원
☐ firefighter	소방관

단어와 표현

☐ doctor	의사	☐ museum	박물관
☐ writer	작가	☐ amusement park	놀이공원
☐ banker	은행원		
☐ police officer	경찰관		

☐ doctor	의사
☐ writer	작가
☐ banker	은행원
☐ police officer	경찰관

Day 09

☐ first day of school	학교 첫날
☐ so	매우, 아주, 너무
☐ excited	신이 난
☐ bored	지루해하는
☐ scared	무서워하는
☐ surprised	놀라는
☐ depressed	우울한
☐ disappointed	실망한
☐ confused	혼란스러운
☐ happy	기쁜, 행복한

Day 10

☐ take A to B	A를 B로 데리고 가다
☐ school	학교
☐ pick up	집어 들다; 고르다; 데리고 오다
☐ after school	방과 후, 학교가 끝난 후
☐ library	도서관
☐ zoo	동물원
☐ movie theater	영화관
☐ park	공원
☐ playground	놀이터, 학교 운동장
☐ hospital	병원

Day 11

☐ have	가지다, 있다
☐ cold	감기
☐ go	가다 (과거형: went)
☐ doctor	의사
☐ cough	기침
☐ runny nose	콧물
☐ fever	열
☐ stomachache	복통
☐ sore throat	목의 통증
☐ earache	이통(귀의 통증)
☐ toothache	치통
☐ headache	두통

Day 12

☐ fall off	떨어지다 (과거형: fell off)
☐ bicycle	자전거
☐ hurt	다치게 하다, 아프다
☐ elbow	팔꿈치
☐ hand	손
☐ leg	다리
☐ foot	발
☐ head	머리
☐ forehead	이마
☐ finger	손가락

☐ knee	무릎	
☐ toe	발가락	

Day 13

☐ friend	친구
☐ outgoing	사교적인, 활달할
☐ shy	수줍음을 많이 타는, 수줍어하는
☐ friendly	상냥한
☐ quiet	조용한
☐ talkative	수다스러운
☐ smart	똑똑한
☐ kind	친절한, 다정한
☐ funny	재미있는

Day 14

☐ snow	눈이 오다 (과거형: snowed)
☐ last night	어젯밤
☐ make	만들다 (과거형: made)
☐ snowman	눈사람
☐ kite	연
☐ sandcastle	모래성
☐ mask	가면, 탈: 마스크
☐ card	카드
☐ paper boat	종이배
☐ pinwheel	바람개비
☐ handprint	핸드 프린트

Day 15

☐ favorite	가장 좋아하는
☐ toy	장난감
☐ rainbow	무지개
☐ fluffy	솜털로 뒤덮인; 솜털 같은
☐ stuffed	속이 꽉 찬
☐ doll	인형
☐ car	자동차
☐ dinosaur	공룡
☐ ball	공
☐ color	색깔
☐ red	빨간색
☐ blue	파란색
☐ yellow	노란색
☐ green	초록색
☐ black	검정색

Day 16

☐ playdate	놀이 약속
☐ with	~와 함께
☐ play	놀다 (과거형: played)
☐ catch	공놀이
☐ hide-and-seek	숨바꼭질
☐ tag	술래잡기
☐ monkey bars	정글짐
☐ soccer	축구
☐ memory game	기억력 게임
☐ baseball	야구

단어와 표현

☐ badminton	배드민턴	
☐ swing	그네	
☐ slide	미끄럼틀	

Day 17

☐ birthday	생일
☐ turn	(나이가) ~ 살이 되다
☐ today	오늘
☐ ten	열(의), 10
☐ eleven	열하나(의), 11
☐ twelve	열둘(의), 12
☐ thirteen	열셋(의), 13
☐ fourteen	열넷(의), 14
☐ fifteen	열다섯(의), 15
☐ sixteen	열여섯(의), 16
☐ seventeen	열일곱(의), 17
☐ eighteen	열여덟(의), 18
☐ nineteen	열아홉(의), 19
☐ twenty	스물(의), 20

Day 18

☐ invite	초대하다 (과거형: invited)
☐ party	파티
☐ have	(경험을) 겪다, 하다 (과거형: had)
☐ great	정말 좋은, 정말 즐거운
☐ time	시간
☐ wonderful	아주 멋진
☐ terrible	끔찍한

☐ quiet	조용한
☐ nice	좋은, 즐거운
☐ amazing	놀라운
☐ good	좋은

Day 19

☐ have	가지다, 있다
☐ spelling	철자, 맞춤법
☐ test	시험
☐ every day	매일
☐ get	받다 (과거형: got)
☐ perfect	완벽한
☐ score	득점: 점수
☐ ten	십(의), 10
☐ twenty	이십(의), 20
☐ thirty	삼십(의), 30
☐ forty	사십(의), 40
☐ fifty	오십(의), 50
☐ sixty	육십(의), 60
☐ seventy	칠십(의), 70
☐ eighty	팔십(의), 80
☐ ninety	구십(의), 90
☐ hundred	백(의), 100

Day 20

☐ Thanksgiving Day	추수 감사절
☐ make	만들다 (과거형: made)
☐ delicious	아주 맛있는

☐ food	음식	
☐ Christmas	크리스마스	
☐ Children's Day	어린이날	
☐ Parents' Day	어버이날	
☐ Chuseok	추석	
☐ New Year's Day	새해 첫날	
☐ Valentine's Day	발렌타인 데이	
☐ Teacher's Day	스승의 날	
☐ National Liberation Day	광복절	
☐ Hanguel Day	한글날	

Day 21

☐ this	이, 이것; 이번
☐ weekend	주말
☐ birthday party	생일 파티
☐ next	다음의
☐ week	주, 일주일
☐ tomorrow	내일
☐ month	달, 월

Day 22

☐ write	쓰다 (과거형: wrote)
☐ card	카드
☐ for	~를 위해
☐ give	주다 (과거형: gave)
☐ toy car	자동차 장난감
☐ letter	편지
☐ cap	(앞부분에 챙이 달린) 모자

☐ book	책
☐ umbrella	우산
☐ grandparents	조부모님
☐ flower	꽃

Day 23

☐ play	놀다 (과거형: played)
☐ hopscotch	사방치기
☐ win	이기다 (과거형: won)
☐ game	경기, 게임
☐ lose	지다 (과거형: lost)
☐ two to one	2 대 1
☐ three to one	3 대 1
☐ four to three	4 대 3
☐ three to two	3 대 2

Day 24

☐ Halloween	핼러윈
☐ tomorrow	내일
☐ there is	~이 있다
☐ parade	퍼레이드, 행진
☐ at school	학교에(서)
☐ field trip	현장 학습
☐ talent show	장기자랑
☐ show-and-tell	발표 수업
☐ soccer game	축구 경기
☐ picnic	소풍
☐ play	연극

단어와 표현

☐ exhibition	전시회	☐ fishing	낚시하기
☐ race	육상대회	☐ skiing	스키 타기
☐ class election	반장 선거	☐ snowboarding	스노보드 타기
		☐ jogging	조깅하기

Day 25

☐ wear	입다 (과거형: wore)
☐ dinosaur	공룡
☐ costume	코스튬, 의상
☐ princess	공주
☐ witch	마녀
☐ pirate	해적
☐ superhero	슈퍼히어로
☐ fairy	요정
☐ ballerina	발레리나
☐ prince	왕자
☐ soldier	군인
☐ firefighter	소방관
☐ zombie	좀비
☐ ghost	유령

Day 27

☐ bully	괴롭히는 사람
☐ push	밀다
☐ pull	끌다, 당기다, 끌어당기다
☐ other	다른
☐ kid	아이
☐ help	돕다
☐ pinch	(손가락으로) 꼬집다
☐ kick	(발로) 차다
☐ yell	소리 지르다
☐ hit	때리다

Day 26

☐ trick or treat	사탕 안 주면 장난칠 거야
☐ yesterday	어제
☐ fun	재미, 재미있는
☐ camping	캠핑하기
☐ swimming	수영하기
☐ skating	스케이팅 타기
☐ bowling	볼링 하기

Day 28

☐ pick one's nose	코를 후비다
☐ also	또한
☐ fart	방귀를 뀌다
☐ yawn	하품하다
☐ bite one's nails	손톱을 물어뜯다
☐ suck one's thumb	엄지손가락을 빨다
☐ scratch one's nose	코를 긁다
☐ burp	트림하다
☐ talk	말하다, 수다를 떨다
☐ eat	먹다

☐ hair	머리카락	
☐ scratch	긁다	
☐ head	머리	
☐ arm	팔	

☐ sharing 함께 쓰기
☐ play together 함께 놀다
☐ be nice 상냥하게 대하다

Day 29

☐ painting	그림 그리기(페인트칠하기)
☐ good at	~을 잘하는
☐ dancing	춤 추기
☐ coloring	색칠하기
☐ writing	글쓰기
☐ running	달리기
☐ singing	노래 부르기
☐ drawing	그림 그리기
☐ building blocks	블록 만들기
☐ playing computer games	컴퓨터 게임하기
☐ making stories	이야기 만들기

Day 31

☐ winter	겨울
☐ can	~할 수 있다
☐ snowboard	스노보드를 타다
☐ swim	수영하다
☐ count to	~까지 세다
☐ play the piano	피아노를 연주하다
☐ speak English	영어를 말하다
☐ sing	노래하다
☐ run fast	빠르게 달리다
☐ help mom	엄마를 도와드리다
☐ clean one's room	방을 치우다
☐ walk a dog	개를 산책시키다

Day 30

☐ peace	평화
☐ make friends	친구를 사귀다, 친구를 만들다
☐ say	말하다
☐ kind	친절한
☐ word	단어; 말
☐ help other people	다른 사람들을 돕다
☐ fight	싸우다
☐ hold hands	손을 잡다
☐ hugging	안아주기

Day 32

☐ can't	~할 수 없다
☐ yet	아직
☐ too	너무
☐ young	어린
☐ learn	배우다, 학습하다
☐ reach	(손이) 닿다; 뻗다
☐ open the door	문을 열다
☐ run fast	빠르게 달리다
☐ jump high	높이 뛰다

단어와 표현

☐ play baseball	야구를 하다	
☐ play basketball	농구를 하다	
☐ play golf	골프를 하다	
☐ play tennis	테니스를 치다	

Day 33

☐ Christmas	크리스마스
☐ coming	다가오는
☐ decorate	장식하다, 꾸미다
☐ tree	나무
☐ my birthday	내 생일
☐ Halloween	핼러윈
☐ summer vacation	여름 방학
☐ winter break	겨울 방학
☐ Children's Day	어린이날
☐ Parents' Day	어버이날
☐ New Year's Day	새해 첫날

Day 34

☐ love	사랑하다
☐ family	가족
☐ special	특별한
☐ important	중요한
☐ beautiful	아름다운
☐ nice	좋은
☐ not important	중요하지 않은
☐ precious	소중한
☐ good	좋은

☐ lovely	사랑스러운

Day 35

☐ merry	즐거운
☐ Christmas	크리스마스
☐ happy	기쁜, 행복한
☐ New Year	새해
☐ birthday	생일
☐ Valentine's Day	발렌타인 데이
☐ Thanksgiving	추수 감사절
☐ Mother's Day	어머니의 날
☐ Father's Day	아버지의 날

Day 36

☐ drink	마시다 (과거형: drank)
☐ hot chocolate	핫초코
☐ after	~후에
☐ skiing	스키
☐ sweet	달콤한, 단
☐ salty	소금이 든, 짠
☐ spicy	매운, 양념이 강한
☐ oily	기름기가 많은
☐ hot	뜨거운
☐ sour	맛이 신, 시큼한
☐ bitter	맛이 쓴
☐ bland	싱거운
☐ icy cold	매우 차가운
☐ cold	차가운

☐ lukewarm　　　　　미지근한

☐ winter break　　　겨울 방학
☐ over　　　　　　　끝이 난
☐ go back　　　　　돌아가다
☐ meet　　　　　　만나다
☐ help others　　　남을 돕다
☐ learn　　　　　　배우다, 학습하다
☐ say goodbye　　　작별 인사를 하다
☐ study English　　영어를 공부하다
☐ make new friends　새로운 친구를 사귀다
☐ help mom　　　　엄마를 도와드리다
☐ bake cookies　　쿠키를 굽다

☐ have　　　　　　가지다, 있다
☐ wiggly tooth　　흔들거리는 이빨
☐ will　　　　　　~할 것이다
☐ fall out　　　　떨어져 나가다
☐ soon　　　　　　곧
☐ snow　　　　　　눈이 내리다
☐ rain　　　　　　비가 오다
☐ end　　　　　　끝나다
☐ come　　　　　오다
☐ start　　　　　시작하다
☐ get interesting　재미있어지다
☐ get boring　　　지루해지다

☐ put　　　　　　놓다 (과거형: put)
☐ tooth　　　　　이, 치아, 이빨 (복수형: teeth)
☐ under　　　　　~아래에
☐ pillow　　　　　베개
☐ tooth fairy　　　이의 요정
☐ give　　　　　　주다
☐ money　　　　　돈
☐ chair　　　　　의자
☐ on　　　　　　~위에
☐ next to　　　　~옆에
☐ in　　　　　　~속에, ~안에
☐ in front of　　~앞에
☐ between A and B　A와 B 사이에

☐ already　　　　이미, 벌써
☐ lose　　　　　　잃어버리다 (과거형: lost)
☐ teeth　　　　　tooth의 복수형
☐ envy　　　　　　부러워하다
☐ do one's homework　숙제를 하다
☐ have lunch　　　점심을 먹다
☐ call mom　　　엄마에게 전화하다
☐ read a book　　책을 읽다

단어와 표현

Day 41

- [ ] this year — 올해
- [ ] be going to — ~할 것이다
- [ ] cry — 울다
- [ ] smile — 웃다
- [ ] study — 공부하다
- [ ] get up early — 일찍 일어나다
- [ ] exercise every day — 매일 운동하다
- [ ] read many books — 책을 많이 읽다
- [ ] eat vegetables — 채소를 먹다
- [ ] listen to parents — 부모님 말씀을 듣다
- [ ] sleep early — 일찍 자다

Day 42

- [ ] couldn't — ~할 수 없었다
- [ ] last year — 작년
- [ ] write — 쓰다
- [ ] swim — 수영하다
- [ ] play the violin — 바이올린을 켜다
- [ ] skip rope — 줄넘기를 하다
- [ ] write one's name — 이름을 쓰다
- [ ] sleep alone — 혼자 자다
- [ ] eat kimchi — 김치를 먹다
- [ ] roller skate — 롤러스케이트를 타다
- [ ] play the ukulele — 우쿨렐레를 연주하다

Day 43

- [ ] practice — 연습하다
- [ ] reading — 독서, 읽기
- [ ] every day — 매일
- [ ] swim — 수영하다
- [ ] ride a bicycle — 자전거를 타다
- [ ] play the guitar — 기타를 치다
- [ ] count to 100 — 100까지 세다
- [ ] do yoga — 요가를 하다
- [ ] dance ballet — 발레를 하다
- [ ] yodel — 요들송을 부르다
- [ ] paint a picture — 그림을 그리다

Day 44

- [ ] want — 원하다
- [ ] have — 가지다, 있다
- [ ] cell phone — 휴대폰
- [ ] but — 그러나, 하지만
- [ ] no — 아니, 안 돼
- [ ] drink — 마시다
- [ ] water — 물
- [ ] eat — 먹다
- [ ] ice cream — 아이스크림
- [ ] sleep — 자다
- [ ] be tall — 키가 크다
- [ ] watch TV — TV를 보다
- [ ] play online games — 온라인 게임을 하다
- [ ] listen to music — 음악을 듣다

☐ go to the playground　　　놀이터에 가다

☐ cloud　　　구름
☐ duck　　　오리
☐ butterfly　　　나비 (복수형: butterflies)

Day 45

☐ didn't　　　~하지 않았다
☐ listen　　　듣다
☐ get　　　(어떤 상태가) 되다 (과거형: got)
☐ upset　　　속상한, 마음이 상한
☐ hungry　　　배고픈
☐ sleepy　　　졸리운, 잠이 오는
☐ thirsty　　　목이 마른
☐ mad　　　몹시 화가 난
☐ sad　　　슬픈
☐ disappointed　　　실망한
☐ annoyed　　　짜증이 난
☐ nervous　　　불안한, 긴장된
☐ worried　　　걱정하는

Day 47

☐ make　　　만들다 (과거형: made)
☐ picture　　　그림
☐ for　　　~를 위한
☐ house　　　집
☐ paper airplane　　　종이 비행기
☐ crown　　　왕관
☐ ring　　　반지
☐ flower　　　꽃
☐ carnation　　　카네이션
☐ card　　　카드

Day 46

☐ go　　　가다 (과거형: went)
☐ walk　　　산책
☐ see　　　보다 (과거형: saw)
☐ squirrel　　　다람쥐
☐ rabbit　　　토끼
☐ flower　　　꽃
☐ bird　　　새
☐ person　　　사람 (복수형: people)
☐ child　　　아이 (복수형: children)
☐ tree　　　나무

Day 48

☐ best　　　최고의
☐ love　　　사랑하다
☐ teacher　　　선생님
☐ friend　　　친구
☐ sister　　　언니, 누나, 여동생
☐ team　　　팀
☐ wonderful person　　　멋진 사람
☐ super　　　대단한
☐ beautiful　　　아름다운

단어와 표현

Day 49

- [ ] must ~해야 하다
- [ ] wash one's hands 손을 씻다
- [ ] often 자주
- [ ] stay 지내다
- [ ] safe 안전한
- [ ] look 보다, 바라보다
- [ ] both ways 양쪽으로
- [ ] cover 가리다; 덮다
- [ ] mouth 입
- [ ] wear 입다; 쓰다; 끼우다; 신다
- [ ] mask 마스크
- [ ] waste water 물을 낭비하다
- [ ] do exercise 운동을 하다
- [ ] sleep early 일찍 자다
- [ ] drink milk 우유를 마시다
- [ ] eat healthy food 건강한 음식을 먹다
- [ ] be picky about food 편식하다

- [ ] crayon 크레용, 크레파스
- [ ] pencil 연필
- [ ] book 책
- [ ] necklace 목걸이
- [ ] chocolate 초콜릿
- [ ] tteokbokki 떡볶이

Day 50

- [ ] have (행사를) 하다, 열다 (과거형: had)
- [ ] bake sale 베이크 세일
- [ ] at school 학교에(서)
- [ ] buy 사다 (과거형: bought)
- [ ] cookies 과자
- [ ] socks 양말
- [ ] pen 펜
- [ ] stickers 스티커